Eckstein | Liebetrau | Nolte (Hrsg.)

Insurance & Innovation 2023

Ideen und Erfolgskonzepte von Experten aus der Praxis

Eckstein | Liebetrau | Nolte (Hrsg.)

Insurance & Innovation 2023

Ideen und Erfolgskonzepte von Experten aus der Praxis

Verlag Versicherungswirtschaft

Bibliografische Information der Deutschen Nationalbibliothek

Die Deutsche Nationalbibliothek verzeichnet diese Publikation in der Deutschen Nationalbibliografie; detaillierte bibliografische Daten sind im Internet über http://dnb.d-nb.de abrufbar.

Beachten Sie bitte stets unseren Aktualisierungsservice auf unserer Homepage unter:
vvw.de → Service → Ergänzungen/Aktualisierungen
Dort halten wir für Sie wichtige und relevante Änderungen und Ergänzungen zum Download bereit.

Gleichstellungshinweis

Zur besseren Lesbarkeit wird auf geschlechtsspezifische Doppelnennungen verzichtet.

ISBN 978-3-96329-461-7

Vorwort

Mit der Ausgabe 2023 erscheint die nunmehr 13. Auflage des Buches Insurance & Innovation. Dies ist zugleich die dritte Ausgabe, die wir als vtmw AG mit herausgeben. Wie man so schön sagt: Findet etwas zum ersten Mal statt, ist es eine Innovation, beim zweiten Mal eine Regelmäßigkeit und ab dem dritten Mal dann Brauchtum. Während wir also mit der Herausgabe im Bereich des Brauchtums angelangt sind, können wir inhaltlich wie in jedem Jahr innovative Ideen für die Versicherungswelt vorstellen und aktuelle Trends anhand von Praxisbeispielen beleuchten.

Das Thema Nachhaltigkeit gewinnt in der Öffentlichkeit zunehmend an Bedeutung und bewegt auch die Versicherungsbranche, was sich in dieser Ausgabe widerspiegelt. Die Berücksichtigung von Nachhaltigkeitsaspekten ist zwar mittlerweile durch den Gesetzgeber vorgegeben, bietet jedoch darüber hinaus gewaltige Chancen für die strategische Unternehmensentwicklung.

Wiederum beschäftigen sich mehrere Beiträge mit dem facettenreichen Thema Digitalisierung – sei es KI im Umfeld der Schadenregulierung, IoT und Sensorik in der technischen Versicherung oder die Nutzung von Wallet-Technologien.

Außerdem geht es um die Verknüpfung technologischer Aspekte der Digitalisierung mit der Unternehmenskultur und der Fähigkeit, Digitales im Unternehmen (kunden-)nutzenstiftend einzusetzen. Die dadurch entstehende immer engere Verzahnung früherer „Themensilos" zeigt erneut, wie wichtig eine ganzheitliche Betrachtung ist, beispielsweise in der Lebensversicherung, die als digitaler Lebensbegleiter gedacht wird.

Weitere Beiträge zu verschiedenen innovativen Themen, wie beispielsweise Annex-Vertrieb oder Behavioral Insurance runden das Bild ab.

Für die Versicherungsbranche zeigt sich erneut: Die Herausforderungen ändern sich zwar stetig, sie nehmen aber selten ab. Es wird immer wichtiger, eine klare Vision zu entwickeln, die eigene Strategie konsequent danach auszurichten und damit Talente anzuziehen, mit denen man diese gemeinsam verfolgen kann.

Um es Entscheidern zu ermöglichen, die richtigen Akzente zu setzen, greift dieses Buch auf Experten aus Forschung, etablierten Versicherungsunternehmen, Technologiekonzernen und StartUps bzw. InsurTechs zurück, die aus ihren eigenen praktischen Erfahrungen berichten und neue Ansatzpunkte und innovative Ideen aus der Welt der Versicherung aufzeigen.

Unser herzlichster Dank gilt allen beitragenden Autoren, die durch die bereitwillige Teilung ihres Wissens einen essenziellen Beitrag zur kontinuierlichen Weiterentwicklung der Branche leisten. Ebenfalls einen herzlichen Dank an Axel Liebetrau und Dr. Andreas Eckstein, deren Zielstrebigkeit, Engagement und Know-how seit vielen Jahren dafür sorgen, dass dieses Buch aus dem Versicherungsmarkt nicht wegzudenken ist und Jahr um Jahr aufzeigt, was wir als Branche gemeinsam erreichen können.

Eine inspirierende Lektüre, neue Ideen und praktische Lösungsansätze wünschen

Dr. Arno Rasch	*Lukas Nolte*
Vorstand vtmw AG	Prokurist vtmw AG

Inhaltsverzeichnis

Die innere ESG-Haltung als Erkennungszeichen des zukünftigen Erfolgs

Axel Liebetrau/Christian Reinhard

Environmental, Social und Corporate Governance (ESG) ist nicht nur in der Versicherungswirtschaft, sondern in der Mitte der Gesellschaft und in nahezu allen Bereichen der Unternehmen angekommen. Ähnlich wie aktuell die Digitalisierung oder vor 150 Jahren die Industrialisierung ist ESG keine Strategie für einen gewissen Zeitraum, sondern erfordert einen kompletten Unternehmensumbau und ein radikales Umdenken in fast allen Bereichen. Diese Transformation wird in den nächsten Jahren andauern, unabhängig davon, ob das Versicherungsunternehmen diese Neuausrichtung aktiv gestaltet oder eher passiv mitläuft. Die Fähigkeit, ESG als innere Haltung der Mitarbeitenden und nicht primär als reine Strategie oder gar Trend zu verstehen, wird zum Erkennungszeichen für den zukünftigen Erfolg von Organisationen und Menschen sein.

Das wahre Geheimnis des künftigen Erfolgs

ESG-Strategien und -Umsetzungsansätze gibt es wie Sand am Meer. Die strategischen Ansätze reichen vom einfachen Mitlaufen, um die Existenz und Zukunft der Versicherung zu gewährleisten, bis hin zu Ansätzen, sich an die Spitze der Transformation zu setzen, um sich Wettbewerbsvorteile und neue Märkte zu erschließen. Weiterdenkende Versicherungen sehen ESG über die Unternehmensgrenzen hinweg und integrieren die vielfältigen Stakeholder wie die Kundinnen und Kunden, Geschäftspartnerinnen und Geschäftspartner und zu allererst die Mitarbeiterinnen und Mitarbeiter in ihre Überlegungen und Umsetzungsaktivitäten.

So wichtig und entscheidend die richtige Strategie sowie das gute und konsequente handwerkliche Umsetzen sind, so oft wird der inneren Haltung zu wenig Beachtung geschenkt. Auch wenn der Druck seitens der fordernden Öffentlichkeit oder einer neuen Generation von Investoren da ist, können ambivalente oder ablehnende Mitarbeiterinnen und Mitarbeiter die Transformation deutlich verlangsamen. Kommen kurzfristig denkendes Management oder kraftraubende Rahmenbedingungen wie beispielsweise die Covid-19-Pandemie, Inflation oder die Energiekrise hinzu, wird die ESG-Transformation ausgebremst und kann komplett zum Erliegen kommen. Im Gegenzug beschleunigen insbesondere Mitarbeitende mit der „richtigen" Haltung eine Transformation massiv.

Neues Handeln und innere ESG-Haltung kommen nicht über Nacht

Vieles, was uns ESG-Themenkreise aufzeigen, haben wir noch nicht in unserem Denken und in unserer Überzeugung verankert. Nur aus einer inneren ESG-Haltung kann nachhaltiges und neues Handeln entstehen. Nur wenn Ökologie und Ökonomie immer weniger als ein Gegensatz und immer mehr als ein notwendiger Balanceakt gesehen werden, kann eine innere ESG-Haltung entstehen. Nur wenn wir aufhören, die Zukunft aus unseren bisherigen Erfahrungen und Erinnerungen zu entwickeln, und neues Denken zulassen, kann eine innere ESG-Haltung entstehen. Nur wenn wir ESG als das notwendige Fundament für die zukünftige Ertragskraft der Versicherung und zugleich für eine lebenswerte Welt für kommende Generationen verstehen, kann eine innere ESG-Haltung entstehen.

Der Schlüssel dazu sind die Mitarbeitenden. Kennen Sie die innere Haltung Ihrer Mitarbeitenden? Sorgen Sie für regelmäßige und zielführende Ausbildungen im ESG-Bereich oder haben Sie vielleicht bereits ein ESG-KPI in Ihren Personalprozessen implementiert? Ein ESG-KPI mag auf den ersten Blick abenteuerlich klingen, unterstreicht aber ganz klar und ultimativ, dass Sie es mit dem ESG-Umbruch sehr ernst meinen.

„ESG-Fitness" fördern und fordern

Die innere ESG-Haltung verhält sich wie ein menschlicher Muskel, welcher aufgebaut und immer wieder trainiert werden muss. „ESG-Fitness" kann man leider nicht speichern oder downloaden. Externe Trainerinnen und Trainer können helfen, das Training richtig und effektiv zu gestalten. Sie können helfen, die Motivation zu fördern und den Fokus auf den langfristigen und zukünftigen Erfolg durch heutiges Handeln aufrechtzuerhalten. Sie können helfen, zuerst das Bewusstsein für ESG und folglich die innere Haltung für die Notwendigkeit und die Chancen von ESG zu erschaffen, um Innovationen und Wandel nachhaltig wachsen zu lassen.

Die Entwicklung der Mitarbeitenden und die aktive Förderung einer inneren ESG-Haltung geschieht nicht „über Nacht". Starten Sie noch heute mit ihrer persönlichen Analyse sowie dem „action Plan", um ihre Versicherung weiterzuentwickeln.

Nachhaltigkeit – vom Projekt in die Unternehmens-DNA

Daniel Geisendorf

1 Einleitung

Dieser Artikel beschäftigt sich dem Thema „Nachhaltigkeit" im Sinne des Akronyms „ESG" (Environmental, Social and Governance). Dafür wird das Thema **Nachhaltigkeit** zunächst allgemein vorgestellt. Anschließend werden die rechtlichen Hintergründe beleuchtet, um beide Teile zum Schluss zusammenzuführen und den Bogen zum Titel des Artikels zu schlagen sowie die ganzheitliche Implementierung der Nachhaltigkeit in die Mecklenburgische Versicherungsgruppe am derzeitigen Projekt zur Umsetzung der Nachhaltigkeitsthemen zu beleuchten.

2 Entwicklung der Nachhaltigkeit – ein Überblick

Das Thema „Nachhaltigkeit" umfasst eine komplexe Sammlung verschiedener wirtschaftlicher, kultureller, sozialer oder umweltbezogener Aspekte. Der folgende kurze Absatz soll ein paar einleitende Impulse dieser Entwicklung wiedergeben.

Bereits im Jahr 1713 prägte Hans Carl von Carlowitz den deutschen Begriff „Nachhaltigkeit" als den langfristig angelegten verantwortungsbewussten Umgang mit einer Ressource in seinem Werk „Silvicultura oeconomica". Damals verwendete er den Begriff im Zusammenhang mit der „beständige[n] und nachhaltenden Nutzung[1]" beim Anbau von Holz. Der Begriff der „Nachhaltigkeit" wurde im Laufe der Zeit weiter geprägt – sei es durch religiöse Bewegungen, wirtschaftliche Bemühungen oder soziale Ziele. Aus politischer Sicht wurde der Begriff der „Nachhaltigkeit" besonders im Rahmen der UNO-Konferenz für

1 Ulrich Grober: Urtexte – Carlowitz und die Quellen unseres Nachhaltigkeitsbegriffs. In: Natur und Landschaft. Jahrgang 2013, Heft 2, S. 46.

Umwelt und Entwicklung im Jahr 1992 in Rio de Janeiro geprägt und durch ökologische, soziale und ökonomische Ziele miteinander verbunden. Der Begriff „Nachhaltigkeit" wird heute oft auch mit „ESG" synonym verstanden, das die Dimensionen Umwelt, Gesellschaft und (gute) Unternehmensführung zusammenbringt:

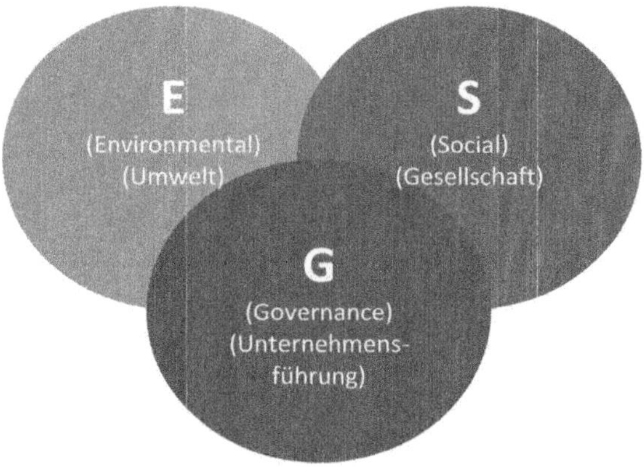

Abb. 1: Diagramm: Environmental, Social, Governance
Quelle: Eigene Darstellung (2022)

Im Zuge der „Agenda 2030" entwickelten die Vereinten Nationen (UN) die sogenannten „17 Ziele für nachhaltige Entwicklung" (SDGs = Sustainable Development Goals), die am 1. Januar 2016 mit einer Laufzeit von 15 Jahren (bis 2030) in Kraft traten und die insgesamt richtungsweisend für eine nachhaltige Entwicklung im ESG-Spektrum sein sollen. Ursprünglich waren sie in erster Linie als politische Ziele gedacht. Mittlerweile dienen die SDGs den meisten Unternehmen dazu, die eigene Fokussierung festzulegen und messbare Ziele zu definieren.

Abb. 2: Ziele der UN für nachhaltige Entwicklung

Quelle: UNRIC – Regionales Informationszentrum der Vereinten Nationen (https://unric.org/de/17ziele/)

Im Jahr 2019 stellte die Europäische Kommission den „European Green Deal" („Europäischer Grüner Deal") vor, der das Ziel verfolgen soll, die Netto-Emissionen von Treibhausgasen in der Europäischen Union (EU) bis 2050 auf null zu reduzieren. Um dieses Ziel zu unterstützen, hat die EU in der Folge eine Vielzahl an EU-Gesetzen (Richtlinien und Verordnungen) erlassen, um diese nachhaltige Transformation voranzutreiben und das Erreichen der Ziele sicherzustellen.

3 Regulatorische Anforderungen für den Finanzsektor

Bei der nachhaltigen Transformation der EU wird dem Finanzsektor vom Gesetzgeber eine Schlüsselrolle zugesprochen: Durch Umlenkung der Finanzströme in nachhaltige Investitionen soll die nachhaltige Entwicklung vorangetrieben und der Weg zur Erreichung der Klimaziele geebnet werden. Dafür wird ebenfalls die Privatwirtschaft benötigt. Dies hat zur Folge, dass besonders Banken und Versicherungen innerhalb der EU sich aktuell und in den kommenden Jahren mit einer zunehmenden ESG-Regulatorik auseinandersetzen müssen. Obwohl derzeit aufgrund der Klimakrise ein starker Fokus auf dem „E" von ESG und im Hinblick auf Lieferketten auf dem „S" von ESG liegt, sind neben ökologischen und gesellschaftlichen Themen insgesamt viele unternehmensorganisatorische Maßnahmen notwendig. Somit ist auch das „G" von ESG und damit Grundsätze der „guten Unternehmensführung" betroffen. Aufbau- und Ablauforganisation der Unternehmen erfahren derzeit grundlegende Umstrukturierungen im Sinne einer nachhaltigen Transformation.

Bereits ein Überblick über ausgewählte wesentliche regulatorische Anforderungen macht die regulatorische Regelungsdichte deutlich:

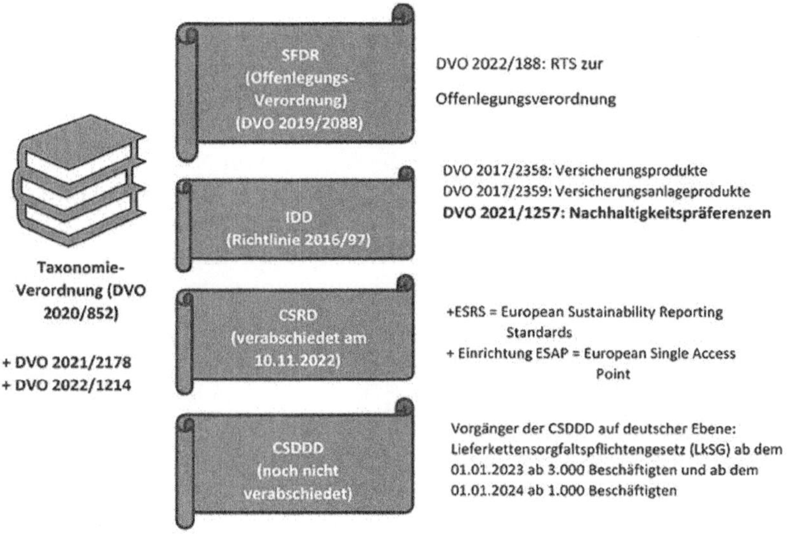

Abb. 3: Überblick über wesentliche regulatorische Anforderungen zur Nachhaltigkeit
Quelle: Eigene Darstellung (2022)

Grundsätzliches Ziel des Gesetzgebers ist die Schaffung von Transparenz und Vergleichbarkeit im Bereich der Nachhaltigkeit.

Die Taxonomieverordnung (Delegierte Verordnung (DVO) 2020/852) soll Transparenz durch eine einheitliche Klassifizierung schaffen und kann zusammen mit ihren Ergänzungen aus den DVO 2021/2178 und DVO 2022/1214 auch als „Nachschlagewerk" bzw. „Wörterbuch" bezeichnet werden. Hier wird anhand von sechs Klimazielen definiert, welche Wirtschaftsaktivitäten als nachhaltig im Sinne der EU-Taxonomie gelten. Im Artikel 8 der EU-Taxonomie VO ist die Berichtspflicht der Unternehmen über ihre nachhaltigen Tätigkeiten bereits angelegt und dient als Anknüpfungspunkt einiger anderer EU-Gesetzgebungsakte.

Mit der Offenlegungsverordnung (DVO 2019/2088) werden zusätzliche Berichtspflichten (Offenlegungspflichten) für Anbieter von Versicherungsanlageprodukten geschaffen – auf den Internetseiten der Anbieter und der Berater, in vorvertraglichen Informationen sowie in regelmäßigen Berichten.

Neben der Offenlegungsverordnung wurde in 2021 durch die DVO 2021/1257 die EU-Versicherungsvertriebsrichtlinie (Insurance Distribution Directive, kurz: IDD) bzw. deren Erweiterungen 2017/2358 und DVO 2017/2359 ergänzt. Die wesentliche Änderung, die durch diese Erweiterung der Richtlinie (bzw. eigentlich an deren Ergänzungen DVO) initialisiert wurde, ist die Abfrage von Nachhaltigkeitspräferenzen im Beratungsprozess zu Versicherungsanlageprodukten ab dem 02.08.2022. Ziel dieser Abfrage ist eine Sensibilisierung der Verbraucher:innen für Nachhaltigkeitsaspekte im Zusammenhang mit Kapitalanlageprodukten und Versicherungsanlageprodukten.

Durch die Corporate Sustainability Reporting Directive (CSRD) wird die nichtfinanzielle Berichterstattung („Nachhaltigkeitsberichterstattung“) in Inhalt und betroffenen Unternehmen stark ausgeweitet. Branchenspezifische Hinweise zu den zu berichtenden Kennzahlen werden sich zukünftig aus den sogenannten European Sustainability Reporting Standards (ESRS) ergeben. Die neuen Regeln werden gestaffelt im Zeitraum zwischen 2024 und 2028 eingeführt. Ab 01. Januar 2024 werden die ersten (kapitalmarktorientierten) Unternehmen mit im Jahresdurchschnitt mehr als 500 Mitarbeiter:innen berichtspflichtig (Berichtsfälligkeit in 2025).

Voraussichtlich ab dem Geschäftsjahr 2026 kommen auf Unternehmen mit mehr als 250 Beschäftigten durch die Corporate Sustainability Due Diligence Directive (CSDDD) zusätzliche Pflichten mit Blick auf die Wertschöpfungs- bzw. Lieferketten zu. Im deutschen Recht gibt es bereits das Lieferkettensorgfaltspflichtengesetz (LkSG), das ab dem 01.01.2023 (bzw. 2024) für Unternehmen mit mehr als 3.000 (bzw. 1.000) Beschäftigten gilt.

4 Umsetzung der Nachhaltigkeit in Form eines Projekts

Wenn ein Versicherungsunternehmen vor der Entscheidung steht, ob und wie es die Nachhaltigkeitsthemen umsetzt, stellen sich vielfältige Fragen. Ist die Entscheidung dafür gefallen, so stehen zwei Ansätze zur Verfügung:

1. Zentrale Koordination der Nachhaltigkeitsthemen
2. Dezentrale Bearbeitung der Nachhaltigkeitsthemen

Zu Beginn der Nachhaltigkeitsreise eines jeden Unternehmens ist es essenziell, eine Inventur bestehender Strukturen durchzuführen. So besitzt jedes Unternehmen mit hoher Wahrscheinlichkeit bereits Ansätze zu Nachhaltigkeitsthemen und einzelne Akteure haben bereits mit der Umsetzung begonnen.

Auch bei der Mecklenburgischen Versicherungsgruppe (ME) gab es an einigen Stellen bereits derartige Ansätze und einzelne Akteure, die sich bereits in der Vergangenheit dem Thema Nachhaltigkeit angenommen hatten – bei Themen wie etwa Öko-Strom oder Mülltrennung im Geschäftsbetrieb, einzelne nachhaltige Komponenten in der Sachversicherung, ein nachhaltiger Fonds für die fondsgebundene Rentenversicherung oder einzelne nachhaltige Kapitalanlagen in der Vermögensverwaltung. Eine entscheidende Komponente fehlte jedoch: Ein ganzheitliches Konzept, eine gemeinsame Stoßrichtung, kurzum: Eine Nachhaltigkeitsstrategie.

Die Entwicklung der Nachhaltigkeitsstrategie sollte unter Einbeziehung aller Bereiche des Unternehmens durchgeführt werden, da sie andernfalls nicht in der Lage ist, die Bedürfnisse der einzelnen Bereiche adäquat einzufangen, abzubilden und fruchtbare Ideen einzelner Abteilungen unbeachtet bleiben. Aus den vergangenen und gegenwärtigen Erfahrungen der Umsetzung der Nachhaltigkeitsthemen können wir einen dezentralen Ansatz nicht empfehlen: Durch die Umsetzung der Nachhaltigkeitsthemen innerhalb einzelner Bereiche wird die Tendenz gefördert, innerhalb seines eigenen Bereichs zu denken und die Strategie innerhalb der eigenen Wirk- und Kompetenzbereiche zu operationalisieren; hierdurch werden Synergieeffekte nicht genutzt und abteilungsübergreifende Maßnahmen entweder gar nicht, nur begrenzt oder nicht effizient umgesetzt. Nicht zuletzt ist das Thema Nachhaltigkeit aufgrund der Menge an regulatorischen Vorgaben auch ein Compliance-Thema. Auch aus den Richtlinien und Verordnungen wird deutlich, dass ein Denken in Abteilungen und abgetrennten Bereichen hier nicht möglich ist – es sind stets mehrere Bereiche betroffen (beispielsweise Kapitalanlage, Produktentwicklung und Vertrieb bei der IDD oder der Offenlegungsverordnung). Es wäre denkbar, für jedes einzelne Thema ein Projekt innerhalb des Unternehmens zu initialisieren oder man denkt den Projektcharakter aller Nachhaltigkeitsthemen weiter und initialisiert das Thema Nachhaltigkeit als Projekt, um zentrale Strukturen für alle Nachhaltigkeitsthemen im Unternehmen zu schaffen. Für Letzteres hat sich die ME entschieden und hat im

Jahr 2022 das Projekt „Nachhaltigkeit“ ins Leben gerufen, um sämtliche Nachhaltigkeitsthemen im Unternehmen zu bündeln, im Zuge des Projekts ganzheitlich anzugehen und mit Abschluss des Projekts an zentraler Stelle in die Linie zu überführen.

Die ME hat die wesentlichen Themenbereiche identifiziert und aus dem Gesamtprojekt 6 Arbeitspakete (AP) definiert:

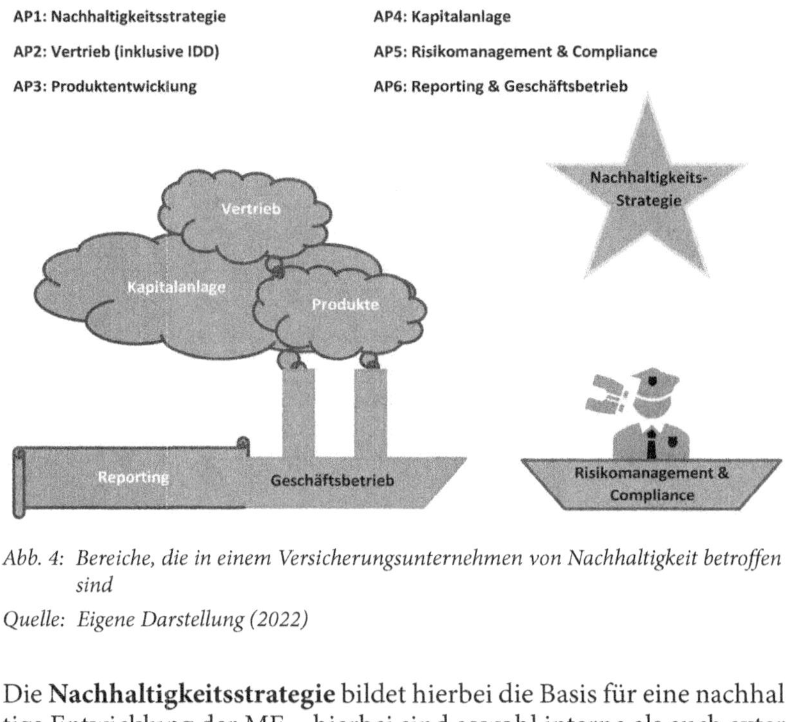

Abb. 4: Bereiche, die in einem Versicherungsunternehmen von Nachhaltigkeit betroffen sind

Quelle: Eigene Darstellung (2022)

Die **Nachhaltigkeitsstrategie** bildet hierbei die Basis für eine nachhaltige Entwicklung der ME – hierbei sind sowohl interne als auch externe Aspekte der ME betroffen, sodass eine holistische Transformation realisiert werden kann. Um konkrete Fokusbereiche festzulegen, wurden gemeinsam mit der Geschäftsführung einzelne SDGs ausgewählt, auf die man sich zunächst verstärkt konzentrieren möchte – diese Vorgabe strahlt auf alle übrigen Nachhaltigkeitsthemen aus und gibt eine Orientierung.

Im Arbeitspaket **Vertrieb** hat man sich zunächst auf die Umsetzung der IDD-Novelle konzentriert, um dem Vertrieb über das Antragssystem ein geeignetes Instrument für die Abfrage der Nachhaltigkeitspräferenzen und für die Empfehlung einzelner Versicherungsanlageprodukte bzw. zugehöriger Fonds zur Verfügung zu stellen.

In der **Produktentwicklung** hat man durch die Analyse der vorhandenen Sach- und KR-Produkte herausgefunden, dass es bereits teilweise nachhaltige Komponenten innerhalb der Produkte gibt, die nicht als solche beworben werden – hier steht eine genauere Analyse noch aus und die Frage, ob und inwieweit die Produkte in Zukunft als nachhaltige Produkte beworben werden sollen, muss noch geklärt werden.

In der **Kapitalanlage** hat sich die Offenlegungsverordnung als zunächst vorrangiges Thema herauskristallisiert – besonders mit der Fragestellung, ob Fondsprodukte innerhalb der Versicherungsanlageprodukte als nachhaltig (im Sinne von Artikel 8 oder 9 der Offenlegungsverordnung) beworben werden sollen oder nicht – auch mit Hinblick auf die Empfehlungen, die im Zuge der Nachhaltigkeitspräferenzen bei IDD ausgesprochen werden. Darüber hinaus entstand die Notwendigkeit, sich vermehrt mit der Nachhaltigkeit des eigenen Sicherungsvermögens auseinanderzusetzen und sich auch hier mit der Frage zu beschäftigen, inwieweit die Voraussetzungen aus Artikel 8 oder 9 der Offenlegungsverordnung erfüllt sein könnten (insbesondere mit Blick auf die klassischen Lebens- und Rentenversicherungsprodukte).

Im **Risikomanagement** liegt der Fokus ganz klar auf den Nachhaltigkeitsrisiken – an erster Stelle die noch intensivere Auseinandersetzung mit den physischen und transitorischen Klimarisiken aus dem „E“-Spektrum, aber auch mit den Risiken, die sich aus „S“ und aus „G“ ergeben – hierbei auch mit den aufsichtsrechtlichen Hinweisen mit Blick auf das BaFin-Merkblatt.

Der Fokus beim **Reporting** liegt in der Ergänzung der aktuellen Nachhaltigkeitsberichterstattung, die den Empfehlungen des Deutschen Nachhaltigkeitskodex (DNK) folgt, um die Anforderungen der CSRD.

Mit greifbaren Maßnahmen hat sich die ME das Ziel gesetzt, die nachhaltige Transformation gemeinsam mit allen Mitarbeiter:innen voranzutreiben. So liegt ein besonderer Fokus auf dem allgemeinen Geschäftsbetrieb und Themen wie der Verminderung von Treibhausgasemissionen, Verminderung des Papierverbrauchs oder auch Mülltrennung.

Da das Thema Nachhaltigkeit sämtliche Bereiche des Unternehmens betrifft, werden parallel zum Projekt Seminare und Workshops durchgeführt und unternehmensinterne Veranstaltungen genutzt, um die Mitarbeiter:innen für das Thema zu sensibilisieren. Kommunikation und Partizipation sind unerlässliche Begleiter im Zuge einer Transformation und damit wesentlicher Schlüssel, um das Zielbild eines nachhaltigen Unternehmens zu erreichen.

Das Projekt „Nachhaltigkeit“ bei der Mecklenburgischen Versicherungsgruppe ist aktuell bis Ende 2023 geplant. Bis hierhin soll die Nachhaltigkeitsstrategie operationalisiert, die wesentlichen Strukturen geschaffen und die Weichen gestellt sein, um die Nachhaltigkeit aus dem Projekt heraus in eine zentrale Stelle innerhalb des Unternehmens zu überführen.

Das Internet der Dinge in der Maschinenversicherung

Thorsten Ramus/Dr.-Ing. Carl Robert Brand

1 Herleitung

Das Internet der Dinge (Engl: Internet of Things, Abk.: IoT) bezeichnet ein System von untereinander vernetzten realen Gegenständen (z. B. Maschinen und Anlagen) und virtuellen Objekten (z. B. Cloud und Algorithmen) über und mit dem Internet. In Kombination mit smarten Sensoren ergeben sich dadurch für Betreiber von Maschinen und Anlagen neue Möglichkeiten im Bereich von Prognosen, bedarfsgerechter Wartung und folglich auch der Reduktion von Ausfallzeiten. Bereits im Gartner Hype Cycle für Emerging Technologies wurde 2012 dargestellt, dass IoT in etwa 10 Jahren das Plateau der Produktivität erreicht und demnach Einzug in Kernprozesse von z. B. Maschinenherstellern, Industrieunternehmen und nicht zuletzt von Versicherern erhält. Gestützt wird dies durch eine Pressemitteilung von DESTATIS, die im Januar 2022 bekannt gaben, dass in Deutschland bereits 36 % der Unternehmen IoT als vernetzte Geräte und Systeme nutzen und 9 % der Unternehmen IoT zur Erfassung des Wartungsbedarfs einsetzen.

Das Zukunftsinstitut um den Trendforscher Matthias Horx ordnete IoT 2018 als Megatrend ein. Megatrends sind definitorisch große gesellschaftliche, wirtschaftliche und politische Veränderungen, die Einfluss auf Tiefenstruktur, Verhaltens- und Lebensweisen sowie Wertesysteme einer Gesellschaft haben.

Hinzu gesellt sich der Zukunftsforscher Sven Gabor Janszky, der 2019 darauf hinwies, dass ein durchschnittlicher Mensch im Jahr 2030 von mehr als 100 smarten Sensoren in seinem Umfeld umgeben sein wird.

Wenn sich der Blick in die Versicherungsbranche richtet und hiesige Innovationsabteilungen solche Megatrends für die eigene Branche abstrahieren, kommt die „The Geneva Association“ aus Zürich ins Spiel, die das Thema IoT durch die Versicherungsbrille einschätzt und bewertet. Die Studie „From Risk Transfer to Risk Prevention – How the Internet of Things is reshaping business models in insurance“ aus dem Mai 2021 ist dabei von besonderer Bedeutung. Die Studie weist u. a. darauf hin, dass sich die Schadenregulierung einer Versicherung, bis hin zu schadenpräventiven Maßnahmen durch IoT langfristig verändern wird. Ein konkreter und sehr prominenter Anwendungsfall von IoT für Versicherungen stammt aus Amerika von der Church Mutual. Dort werden sehr erfolgreich mit Hilfe von IoT in Kirchengebäuden Wasserleckagen frühzeitig detektiert.

Auch bei den VGH-Versicherungen wurde der Megatrend IoT erkannt. Im Rahmen eines ersten Testfelds sollten die möglichen Chancen für den Versicherungsbetrieb beleuchtet werden. Der Fokus war dabei die Maschinenversicherungssparte, wider Erwarten nicht die Sparte Wohngebäude, wo das Thema schon von einigen Versicherern im Kontext von IoT und dem Verbauen von Sensoren und Auswerten von Daten aufgegriffen wurde. Im Testfeld lag dabei der Schwerpunkt auf dem Bereich Schaden, also der Nutzung von IoT zur Schadenprävention und -regulierung.

2 Schematischer Aufbau von -Anwendungen

Da das Thema eine starke technische Komponente (Sensoren, Cloud, KI) mit sich bringt und viele Versicherungen dabei neue Pfade betreten, ist es wichtig herauszuarbeiten, welcher schematische Aufbau sich hinter IoT-Anwendungen erkennen lässt.

Im ersten Schritt müssen Maschinen, Geräte oder Anlagen mit Sensoren ausgestattet sein oder sie werden mit Sensorik nachgerüstet (sog. Retrofit). Die Daten werden dann in Cloud-Infrastrukturen oder auf eigene Server übertragen und dann mit intelligenten Algorithmen ausgewertet. Die Kunst liegt hierbei darin, sich selbst anpassbare Algorithmen zu entwickeln, die ihre Genauigkeit der Vorhersage im Zeitverlauf sogar noch verbessern. Im letzten Schritt müssen die Einsichten an die Kunden, Nutzer und Versicherer ausgespielt werden. Das geschieht häufig in Form von Meldeketten, die im Vorfeld von Projekten definiert werden. Also, wer soll im Falle einer Anomalie-Erkennung kontaktiert werden und in welcher Form (z. B. E-Mail, SMS, Maschinensteuerung etc.). Es sei noch erwähnt, dass sich IoT zur Risikoprävention nicht nur auf das produzierende Gewerbe beschränkt.

Weitere Anwendungsfälle lassen sich auch für folgende Gebiete herleiten: Logistik, Einzelhandel, Gesundheit, Energie, Mobilität, Smart City, Smart Home sowie Lifestyle und Wearables.

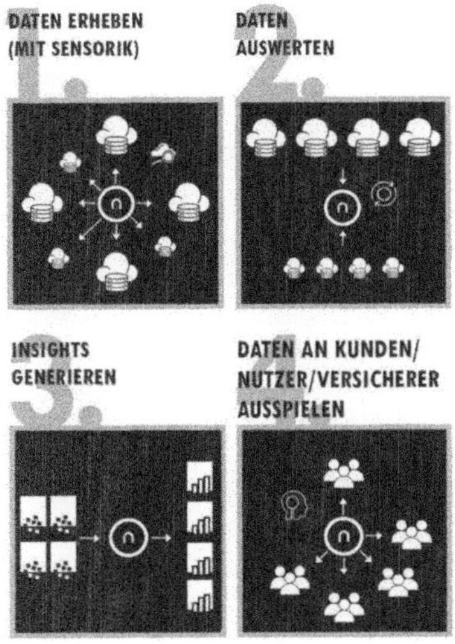

Abb. 1: Schema von IoT Anwendungen
Quelle: Noah GmbH (IoT Startup aus Leipzig)

3 Herleitung zu Versicherung

Aufgrund des explorativen Charakters unserer internen Testphase, haben wir fünf Themenfelder definiert, zu denen wir konkrete Befunde/ Ergebnisse erarbeiteten:

3.1 Fünf Ziele des Testfelds

1. *Erfahrungen hinsichtlich der Schadenvermeidung*
2. *Auswirkungen auf die Schadenquote*
3. *Erkenntnisse für Neukundengeschäft und Bestand*
4. *Schadenmanagement/-regulierung*
5. *Nachhaltigkeit & Serviceleistungen*

Im Folgenden stellen wir die methodische Herangehensweise und die wesentlichen Erkenntnisse der fünf Themenfelder dar.

3.1.1 Erfahrungen hinsichtlich der Schadenvermeidung

Diesen Aspekt haben wir methodisch schwerpunktmäßig mit Mitarbeitenden von produzierenden Unternehmen (Gebläse-, Pumpen- und Blockheizkraftwerk-Hersteller) in Form von offenen Interviews (leitfadengestützt) geführt. Aus den Interviews lässt sich ableiten:

- 14 Tage vorab werden mindestens 80 % von möglichen Maschinenausfällen vorausgesagt. Einige Maschinenhersteller sind bereits bei >90 %.
- Nicht inbegriffen sind Ausfälle durch den Faktor Mensch, Feuer/Naturgewalten sowie plötzliche, externe technische Störfälle z. B. Gas-, Stromausfall.
- Deutsche Maschinenhersteller sind fast alle an dem Thema IoT, um sich hauptsächlich von Wettbewerbern aus Fernost abzugrenzen.

Die These wird gestützt durch weiteres und ständiges Sondieren von Newslettern wie Industry of Things, Instandhaltung Newsletter, direkte Veröffentlichungen von Maschinenherstellern und das Hören von diversen Podcasts wie z. B. IoT Use Case.

3.1.2 Auswirkungen auf die Schadenquote

Da IoT zur Schadenprävention erst langsam im Massenmarkt ankommt, haben wir zur Untersuchung der Auswirkung von IoT auf die Schadenquote interne, historische Schadenstatistiken verwendet. Um diese Befunde herleiten zu können, haben wir die Schadendaten hinsichtlich der Schadenursache (basierend auf Basis der Erkenntnisse aus ERFAHRUNGEN HINSICHTLICH DER SCHADENVERMEIDUNG) in Kombination mit der IoT-Fähigkeit analysiert und drei Kategorien gebildet:

1. Potenzial bei reinen Verschleißfolgeschäden ➢ IoT hilft sehr wahrscheinlich
2. Potenzial bei erweiterten Verschleißfolgeschäden ➢ IoT hilft wahrscheinlich

3. Potenzial für alle allmählichen Schadenarten ➢ IoT hilft möglicherweise

Diese durchgeführten Analysen lassen folgenden zusammengefassten Schluss zu: Der durchschnittliche Schadenaufwand wird sich langfristig in einer Bandbreite zwischen 30 % bis 69 % reduzieren. Im Bestand der VGH-Versicherungen ist das ein niedriger bis mittlerer siebenstelliger Schadenaufwand. Damit wirft sich die Frage auf, ob das aktuelle Prämienniveau der Maschinenversicherungen zukünftig noch gegenüber den Versicherungsnehmern zu argumentieren ist.

3.1.3 Erkenntnisse für Neukundengeschäft und Bestand

Unsere Beobachtungen und Auswertungen lassen sich für diese Punkte folgendermaßen zusammenfassen.

- Der Produktlebenszyklus von Maschinenversicherungen befindet sich in der Reifephase und wird perspektivisch in die Sättigungsphase übergehen. Die damit einhergehende Frage wird sein, ob Versicherer proaktiv neue Produkte für/mit IoT entwickeln oder sich irgendwann reaktiv und unter viel größerem Zeitdruck auf sich verändernde Umstände einstellen müssen.
- Das Anbieten von Versicherungsleistungen wandert verstärkt vom ordinären Versicherer hin zum Original-Maschinenhersteller, was in der Automotive Branche schon viel ausgeprägter zu beobachten ist. Versicherungen sind demnach zukünftig in Produkte direkt(er) zu integrieren, Stichwort „embedded insurance“.
- Maschinenhersteller integrieren immer stärker IoT-Komponenten in ihre Maschinen und Produkte und verändern ihre Geschäftsmodelle von einem klassischen reinen Hardwareproduzenten in Richtung „added-value“ Services (z. B. Energiemanagement, effizientes Betreiben der Maschinen).
- Der Mix von IoT-fähigen und konventionellen Maschinen wird nach unseren Erkenntnissen im Jahr 2025 bei etwa 25 % (IoT) zu 75 % (konventionell) liegen.

Bestärkt werden diese Beobachtungen durch folgende Trends:

- Durch die vermehrte Digitalisierung ergeben sich neue Ertragsmöglichkeiten für Maschinenhersteller (Servicegeschäft fernab von statischer Wartung und Abverkauf von Maschinen) und der Druck steigt, mehr als reine Versicherungen und Maschinen (Hardware) zu verkaufen.

- Fachkräftemangel zieht sich quer durch die Branchen. So leidet nicht nur die Versicherungswirtschaft unter dem demografischen Wandel und kann Fachpositionen mit Expertenwissen wie Schadenregulierer nicht mehr zeitnah wiederbesetzen, sondern auch bei Maschinenherstellern und Maschinenbetreibern fehlt Personal zur Produktion und Wartung der Maschinen.

Das Thema Nachhaltigkeit sorgt für Veränderungsdruck im Rahmen der Schadenregulierung (mehr Prävention), Energiemanagement beim Versicherungsnehmer wird wichtiger und Hersteller haben sich in der Vergangenheit mit dem Thema Nachhaltigkeit nicht ausreichend befasst.

VERSICHERUNG	VERSICHERUNGSNEHMER	MASCHINENHERSTELLER	
WETTBEWERBSDRUCK	STATISCHE WARTUNGSVERTRÄGE, UNKENNTNIS/-WISSEN, KOSTEN DURCH UNGEPLANTEN STILLSTAND	VERKAUFT BISHER NUR HARDWARE UND STATISCHE WARTUNGSVERTRÄGE	DIGITALISIERUNG
OFFENE STELLEN IN DER SR, DIE SCHWER ZU BESETZEN SIND	FACHKRÄFTE FÜR MASCHINENPARKÜBERWACHUNG FEHLEN	FACHKRÄFTE FÜR ÜBERNAHME DER WARTUNG FEHLEN	FACHKRÄFTE / RESSOURCENMANGEL
HEBEL DER VR IN DER SR NOCH NICHT BERÜCKSICHTIGT, SCHADENPRÄVENTION	KOSTEN FÜR MASCHINENPARK ERHÖHEN SICH > ENERGIEMANAGMENT WIRD WICHTIGER	BISHER KEIN ANGEBOT, WAS DARAUF EINZAHLT	NACHHALTIGKEIT

Abb. 2: Matrix Herausforderungen der Marktteilnehmer im Abgleich mit Trends.
Quelle: Eigene Darstellung

3.1.4 Schadenmanagement/-regulierung

Neben der Nutzung von IoT zur Schadenprävention wird IoT auch die insbesondere noch stark manuelle, von Systembrüchen geprägte Schadenregulierung beeinflussen. Mit einem „bottom-up"-Ansatz, einer unmittelbaren Nähe zur Schadenregulierung konnte im Rahmen des Testfelds dieser Einfluss analysiert und berechnet werden. Folgende Erkenntnisse ergeben sich daraus:

- Langfristig lassen sich 50 % der Schadenregulierungskosten in der Maschinenversicherungssparte sparen. Gründe hierfür sind insbesondere, dass Schadenregulierer zur Klärung der Schadenursache viel weniger Besichtigungen vor Ort machen müssen, sondern „remote" über die Einsichtnahme in die Maschinenprotokolle den Schadenhergang und -verlauf nachvollziehen können.
- Effekte, die mit weniger Vor-Ort-Besichtigungen einhergehen, sind zudem weniger Fahrtkosten und dadurch weniger CO2-Ausstoss durch die Fahrtwege.
- Die Analyse hat ergeben, dass für ein Schadenregulierer ca. 20.000 km an Fahrten und mehr als 1,5 Tonnen CO2 eingespart werden können. Auf der Ebene der Umweltbilanz ist dieses Thema deshalb nicht zu vernachlässigen und ein Stellhebel für weniger Ressourcenverbrauch bei Versicherungen.

3.1.5 Nachhaltigkeit & Serviceleistungen

Im Kontext von Nachhaltigkeit liegt viel Hoffnung bei den Versicherern. Oft wird die Rolle der Kapitalanlage zentral dabei erwähnt und welche wichtigen Auswirkungen die Investitionen auf Nachhaltigkeitsaspekte haben. Weniger Bedeutung erfährt bis dato das Thema Kundenbeziehungen der Versicherer. Damit geht eine erhebliche Durchdringung in B2B- als auch B2C-Märkte einher, womit Versicherungen weitere Werkzeuge besitzen, mit denen sie die Klimakrise proaktiv beeinflussen können. Im Abschnitt SCHADENMANAGEMENT/-REGULIERUNG wurde das Thema Nachhaltigkeit schon unmittelbar adressiert, es kommt durch effizientere Schadenregulierung bei den Versicherten zu CO2-Einsparungen aufgrund verminderter Fahrtätigkeiten. Wird der Wirkungskreis um den Baustein Kreislaufwirtschaft erweitert, wird erkennbar, dass zukünftig weniger Rohstoffe für Ersatz- und Reparaturteile durch eine intelligente Maschinenüberwachung und -wartung abgebaut werden müssen.

Eine weitere Stellschraube sehen wir aktuell bereits im Bereich von Kleinschäden (z. B. Handy, Computer, Gaming-Konsolen). Dienstleister wie die AfB (www.afb-group.de) sind als „Refurbisher" unterwegs und sorgen für die Wiederverwendung von gebrauchter IT und von Mobilgeräten, was auf das Schonen von natürlichen Ressourcen und Reduzieren von Emissionen einzahlt. Dieses Prinzip lässt sich zukünftig in einem größeren Maßstab sicherlich auch für Maschinen und größere Geräte anwenden.

Ein weiterer Lerneffekt aus dem Testfeld ist die Überführung von Daten – die durch das Auslesen von Maschinen bereits anfallen – in „added-value" (Zusatznutzen) für die Kunden. Wenn nicht nur prognostiziert werden kann, wann die Maschine liegen bleibt, sondern wenn auch noch weitere Parameter (z. B. Strom-, Wetterdaten) in Berechnungen einfließen, können häufig sehr interessante und lukrative Serviceleistungen zusätzlich angeboten werden (z. B. Wie kann die Maschine optimal gefahren werden, welche Raumgegebenheiten sind zu beachten, wie kann ich energieeffizient meinen Maschinenpark betreiben?). Auf diesen Zug sind unserer Erkenntnis nach auch bereits viele OEM (Originalhersteller) aufgesprungen und erkennen das damit verbundene zusätzliche Geschäftspotenzial, was zudem auf Kundenbindung einzahlt. Die Schlussfolgerung für Versicherungen ist hierbei, solche Möglichkeiten auch als Instrument für Kundenaufbau und -bindung zu verstehen und für sich nutzbar zu machen. An dieser Stelle schließt sich demnach der Kreis, den die Geneva Association mit ihrer hier zitierten Studie beschrieben hat. Hierdurch kann das Schadenmanagement nämlich eine aktive Rolle in der Schadenprävention bekommen.

3.2 Zusätzliche Learnings Wrap up

Die im Fokus stehenden Erkenntnisse der fünf untersuchten Testfelder wurden dargelegt. Wir haben im Projektverlauf jedoch noch weitere Themen identifiziert, die von wichtiger Relevanz für das Thema IoT im Kontext Versicherung sind.

1. **Legacy IT:** In sich geschlossene Altsysteme auf Basis veralteter Programmiersprachen sind im Versicherungswesen eher die Re-

gel als die Ausnahme. Bei IoT-Projekten muss die IT jedoch für die Datenintegration von Dritten (API Gateways) ausgelegt sein. An dieser Stelle sei auf die verschiedenen neuen Player im Versicherungsmarkt wie Tech11, die Emil Group oder TONI Digital hingewiesen, die entweder Low-/No-Code-Lösungen anbieten oder sehr moderne IT-Infrastrukturen speziell für Versicherungen entwickelt haben, welche auch API Gateway-Möglichkeiten zulassen.

2. **Projektteams:** Insbesondere bei der Entwicklung und Einführung von innovativen IoT-Versicherungsprodukten sollte das Projektteam ein agiles Mindset mitbringen. Hinsichtlich der Fähigkeiten der involvierten Mitarbeitenden ist sowohl eine hohe IT-Affinität sehr wichtig als auch technisches Verständnis aufgrund des Zusammenhangs mit Maschinen. Bei der Ausgestaltung des Projektteams sollten die Silos, die sich aus der Linienorganisation heraus ergeben (Vertrag, Schaden und Vertrieb), nicht aufrechterhalten werden. Das Projektteam sollte demnach in die Lage versetzt werden – mit moderner IT ausgestattet –, den originären Wertschöpfungsprozess einer Versicherung „end-to-end" operationalisieren zu können. Angefangen vom Thema Anforderungen, über die Rolle eines Product-Owners bis hin zu Rollen wie Vertragsexperten, Underwriter, Schadenmanagement und nicht zuletzt Vertriebsmitarbeitenden. Dieser Ansatz würde zu einer enormen Geschwindigkeitszunahme führen, da abteilungsübergreifende Zusammenarbeit mit Pfadabhängigkeiten einhergeht und sehr langwierig ist. Nicht zuletzt sollte das Projektteam als neue Business-Unit in der bestehenden Organisation oder als Ausgründung aufgehängt werden, um „freedom-to-operate" (Umgehen von Störfeuer aus der Bestandsstruktur) zu gewährleisten.

3. **Klassische Marktforschung versus „Multichannel-Ansatz":** Im jüngsten Stadium des Projekts haben wir viele klassische Quellen (hauptsächlich Studien und Veröffentlichungen) evaluiert. Die Lernkurve unsererseits ist allerdings steiler durch das Hören von relevanten Podcasts und die direkte Aufnahme zu Marktakteuren gestiegen. Die Erweiterung auf eher neue Medien macht demnach Sinn und sichert darüber hinaus Geschwindigkeitsvorteile.

Has 2022 been a Turning Point for Insurtech? A Future Facing View on Current Challenges and Partnership Potential

Lucinda Chow/Sven Trautner

After over a decade focusing on insurtech success, does the current environment prove to be a turning point? If so, what challenges are insurtechs faced with, and what does the path ahead look like?

Since emerging in 2010 as a term likely derived from "fintech" of the banking industry, the term "insurtech" has been used to refer to a wide range of companies which utilise technology to modernise the insurance value chain in some way.

The insurtech boom seemingly kicked off in 2015 (where investments into insurtechs jumped from $ 800 million in 2014 to over $ 2.6 billion in 2015[1]), and accelerated at rapid speed thereafter. With a select few insurtechs becoming unicorns or filing for their initial public offering (IPO), growth appeared unstoppable. Yet, the year of 2022 has slowly but surely seen a change – not only a decline in investment and valuation amounts in comparison to previous years, but also paired with a more critical narrative[2].

There are a plethora of reasons that could explain this shift, some of which can be attributed to external economic factors that have affected the entire financial industry. However, it is difficult to deny the inevitability of a "rebalancing" that has been seen following a period of disproportionately high revenue multiples and underperforming underwriting results.

The focus in this opinion piece will be an attempt to gain an understanding of some of the current challenges faced by insurtechs in light of this, and how partnerships with incumbents are well-positioned to resolve them. Following this, a look forward into the future of insurtech and its continued influence on the insurance industry is an ad-

1 Accenture, "Insurtech Investment Trends, Accenture Analysis, 2016" [10.2022].
2 CB Insights, "State of Insurtech Report, Global, Q3 2022" [11.2022].

ditional point to be addressed, to highlight the importance of tackling the current issues head on. It is worth noting here that this piece will focus primarily on the Property & Casualty (P&C) insurtech space in Europe, to ensure that the opinions are fundamentally resulting from informed observations and direct industry experience.

What are the key challenges currently facing insurtechs?

The latest funding data (Q3 2022)[3] sends a clear message – with funding for insurtech companies falling to its lowest level in over two years, the funding climate is changing, and more insurtechs will struggle to raise the level of investment needed to grow or sustain themselves.

Beyond external economic factors, the most frequently cited reason for this "period of consolidation" currently being seen in the insurtech market ultimately boils down to underwriting performance. It is also a reasonable area of focus, given the large gap in valuation approach between well-established insurers and insurtechs (at its peak, Lemonade was valued at around 100 times sales, whereas well-established US insurers traded at between 1–2 times sales[4]). In combination with high loss ratios and consequent net losses, public insurtechs inevitably fell victim to the wider trend of a tech sell-off, albeit falling at an even more drastic rate than other tech companies[5].

From the perspective of underwriting performance, this has been to an extent, unsurprising. Loss ratios are often more volatile with a new customer base, as time is required to build up the relevant data and experience for accurate underwriting. Furthermore, smaller books of business are proportionally much more affected by one-off events and individual larger losses. In the same vein, scale will always be a key factor in insurance – without a significant book of business, there is also limited value in sophisticated underwriting and state-of-the-art technology.

---

3 Ibid.
4 Financial Times, "Insurance start-ups face credibility crisis in brutal tech rout": https://www.ft.com/content/50aca302–1d1d-42d0-a52c-8303fc53a9fb [11.2022].
5 TechCrunch, "8 investors weigh in on the state of insurtech in Q3 2022" [09.2022].

It is therefore understandable that accelerating sales figures have long been a priority for insurtechs. However, this also led to ambitious initiatives with corresponding downsides, such as excessively high commissions for aggregators, fraudulent sales agents, and a general lack of priority in controlling the quality of the resulting portfolio. Furthermore, managing cash flow has not been straightforward – with numerous external parties required to fulfil certain roles within the insurance value chain, it became easy to lose sight of the overarching cash flow perspective. Thus, it has not been an simple task to ensure that costs remain collectively feasible and to fully parse the complexity of premium and cash flows, not to mention the difficulty in continually maintaining alignment with all parties throughout.

For the insurtechs launched at the beginning of the boom, starting as an MGA due to lighter capital and regulatory requirements often made strategic sense, which naturally led to a level of reliance on partners willing to bear the risks. Since then, it has prevailed that many insurtech MGAs consistently write losses yet continue to charge high net fees for their services; consequently, risk partners are now more reluctant to take on such business. With increasing fees from fronting companies and reduced risk appetite from re/insurers, there is therefore now a heightened pressure to make the jump towards becoming a full-stack carrier[6].

In the majority of jurisdictions, this jump can however land insurtechs into a regulatory minefield. Regulatory considerations overall have played a sizeable part in creating additional hurdles, and are seen as a significant reason as to why the insurance industry is particularly hard to disrupt. For insurtechs, this topic has presented itself as a hurdle in different forms; an example being regulatory complexities and specificities when moving into new markets, and thus lacking the requisite local knowledge to fully understand and fulfil these regulatory requirements. On a smaller scale, the importance of prioritising tasks falling more so under "business as usual", such as setting up processes for internal governance (e.g. pre- and post-bind sanction checks, data completeness) are also often underestimated.

It should be mentioned that there are a litany of issues that can (and have) arisen with the technology aspect of insurtech propositions, too;

6 Gallagher Re, "Global Insurtech Report, November 2022" [11.22].

for example, insufficient data quality, ability to integrate with other technologies, and promises of applicable usage of new technologies for insurance, such as blockchain, which has so far failed to live up to initial expectations. A recent survey indicated that over 20 % of global executives believe blockchain technology to be "all hype and no substance"[7]. Nonetheless, a detailed look into these issues is unfortunately beyond the scope of this piece.

Can partnerships with incumbents help to combat these challenges?

An interesting observation was recently made by Dr. Simon Kaesler (Senior Partner, McKinsey)[8]: "About five years ago, many insurtechs in Europe focused on attacking incumbents. I think this has really changed. We estimate that about two-thirds of all insurtechs are now focusing on collaboration instead of attacking."

In particular with the current backdrop of increased attention on underwriting performance, incumbents can concretely play a positive role in a collaborative partnership to mitigate some of the common challenges faced by insurtechs. Partnerships between incumbents such as Munich Re and insurtechs often involve risk-sharing (essentially, "skin in the game"). In such a situation, there is a natural alignment of interest when it comes to delivering solid underwriting results.

This may seem obvious – however, for an insurtech looking to raise funding, the investor story is a component of at least equal importance. In the past, this led to an uneven focus on a rapid growth trajectory over sustainable portfolio performance development. Fortunately, the tides are changing in this regard (from "growth at all costs" to focus on profitability[9]), which has led to a closer alignment between all parties, and it is likely there is now renewed interest in the technical input that can be provided by an incumbent. This is especially so in cases where

7 GlobalData, "Q2 2022 Emerging Technology Trends Survey" [11.22].
8 McKinsey & Company, "Podcast transcript: Global perspectives on insurtech": https://www.mckinsey.com/industries/financial-services/our-insights/global- perspectives-on-insurtechs [10.22].
9 S&P Global Market Intelligence, "2022 US Insurance Technology Market Report" [11.2022].

the incumbent is a reinsurer, thereby avoiding potential conflicts of interest in competing with their own products.

In general, there are numerous ways in which an incumbent can actively support the positive development of underwriting results for their insurtech partner, such as bringing in dedicated resources for performance monitoring and enabling pricing experts to propose amendments to coverages and tariffs if there is a deterioration of defined KPIs. Incumbents are often able to utilise and scale the benefit of large datasets (whether company-owned or acquired) to support in aspects such as pricing model development and customer analytics, which would otherwise be a high initial cost for an insurtech to bear. Additional insights via qualitative risk assessments and risk mitigation proposals can also be provided by an incumbent, especially if it is also in their interest that the insurtech succeeds in the long-term. The opportunity to tap into an incumbent's resources, often consisting of insurance experts with years of industry experience and from functions ranging from actuarial to claims, is also a valuable one.

With regards to the problem of complex cash flows, this can also be simplified by a partnership with an incumbent. The classic incumbents are large, multinational, re/insurance companies – which can often also provide (depending on the incumbent) a wide range of service and product solutions that can be selectively bundled into partnership agreements. The benefit of partnerships with multinational companies also lies in the extensive expertise and network stretching across countries from a regulatory perspective.

How will insurtech continue to influence the insurance industry in the near future?

With an estimated figure of $43 billion of investment into insurtechs globally since the year 2016[10], it is clear that despite the aforementioned stumbling blocks, insurtechs have already made a mark in the insurance industry. It is also not difficult to see why – as an industry traditionally perceived as slow-moving yet continually relevant, it was ripe for change.

10 Dealroom.co, "The State of European Insurtech 2022" [11.2022].

Although insurtechs have not appeared to have truly "disrupted" the industry in the sense of posing a real threat to the market leaders, it has arguably provided a strong push for insurers to pay attention to their activities and in many cases, take a hard look at how to bring technology into their own propositions. At the very least, it has proven that digital capabilities can be used effectively to increase customer accessibility, engagement, and personalisation within insurance.

Throughout this current consolidation period, a pattern can be observed with technology developed by insurtechs gradually being adopted and/or acquired by incumbents (or other larger insurtechs). This also fits with the general trend of new insurtechs targeting a narrower scope than the early entrants, such as focusing on one part of the insurance value chain, or developing products which have a niche target market or provide very specific coverage.

Furthermore, there is a shift from insurtechs in creating solutions for the frontend to increasingly the backend[11], perhaps due to the difficulty in achieving trust and acceptance by customers with new brands. This in turn advances the overall digitalisation of insurance companies and provides customers with more protection options for specific needs. It also aligns with the notion that the new insurtechs are much more drawn towards developing advanced technology which can be integrated into insurers' processes or propositions, rather than attempting to handle the extensive regulatory and capital requirement burdens necessary to become a full-stack carrier.

To take a step back, it is also clear that insurtechs have brought the insurance industry as a whole more into the limelight. In fact, many insurtech founders come from non-insurance industries (such as management consulting and investment banking), and the huge amount of funding obtained by insurtechs through venture capital and private equity companies has arguably elevated the public's interest in the insurance industry. This usually creates a knock-on effect, such as reducing the talent gap which is well-known in the insurance industry, due to a change in perception of the insurance industry lacking dynamism.

Separately to this, insurtech has also been a trigger to its integration into other industries. The use of web-enabled embedded insurance

11 McKinsey & Company, "Insurtechs are increasingly ripe for insurer investments and partnership" [10.2022].

has led to a newer type of collaboration, frequently between insurers and online travel agencies (OTAs), original equipment manufacturers (OEMs), and retailers. There are several insurtechs which have successfully built state-of-the-art technology specifically targeted at enabling the implementation of such collaborations.

This links in with the final point on how insurtechs will continue to push the industry forward, which is continued adaptation to wider societal trends. It is hoped that the insurtech boom has created an environment within the insurance industry that is better equipped to handle external economic and environmental changes, and also capable of creating sophisticated solutions for new risks.

Conclusive Remarks

Despite there being an element of noise and hype surrounding the insurtech boom, the belief is held that the industry as a whole has benefited and will continue to benefit from it. It has permanently changed the landscape of the insurance industry from the perspective of customer expectations, technological developments (many of which are also well-integrated into incumbents' internal systems and processes), and has caught the attention of many other industries through new channels of distribution.

As a leading reinsurer with a vested interest in the insurtech space, Munich Re has had the privilege of working with some of the top insurtechs in Europe through strong long-term partnerships, e.g. via its Business Building practice[12]. Whilst apparent that the maturing insurtechs do not face an easy journey ahead towards firmly establishing themselves into the industry, there are clear steps being made towards it – whether that is through evolving from an MGA into a carrier, or finally honing in on the less glamourous aspects of running an insurance company, such as developing structured internal governance processes and tackling fraud.

In looking back and realising how much has already changed in a little over a decade, it is safe to say that there is still much more to come from insurtech. The challenges currently being faced by insurtechs

12 Munich Re, "Business Building – Partnerships to build the insurance of tomorrow" [11.22].

are in many cases, far from impossible to overcome, especially with the support of partnerships where the vision is aligned. In this consolidation phase of acquisitions and adjusted valuations, there remains credence in the opinion that insurtech will continue to influence the future of the insurance industry. It is simply the nature of its influence that will continue to evolve.

Der Lebensversicherer wird zum (digitalen) Lebensbegleiter

Frank Genheimer

Zahlreiche Medien, Verbraucherschützer und Experten haben sich schon länger auf einen Abgesang auf die Lebensversicherungsbranche eingestimmt. Doch Totgesagte leben länger. Weder Finanzkrise, niedrige Zinsen, höhere Solvenz-Anforderungen und Pandemie noch steigende Zinsen und hohe Inflation scheinen der Branche etwas anhaben zu können. Und doch steckt die Branche irgendwie fest. Ein Lebensversicherer müsste eigentlich sein Kerngeschäft transformieren, um es für die Zukunft zu sichern, und gleichzeitig in Innovationen und neue Geschäftsmodelle investieren. Auf Branchensicht kommt diese notwendige Transformation jedoch kaum voran. Neben den Hausaufgaben bei seiner technologischen Basis, sollte ein Lebensversicherer eine komplett neue Perspektive auf seine Dienstleistungs- und Prozesswelt einnehmen. Die stark verinnerlichte Rolle des reinen Produktlieferanten muss er ablegen. Dank moderner Technologie und durch Integration in Ökosysteme kann sich ein Lebensversicherer zum (digitalen) Lebensbegleiter seiner Kunden weiterentwickeln.

1 Lebensversicherer als Plattform

Zugegeben, „alle für einen" klingt etwas kitschig, ist aber genau das Fundament der Versicherungsbranche. Genau auf diesem Motto basiert der sogenannte „Ausgleich im Kollektiv". Er sorgt dafür, dass das Risiko eines Einzelnen auf die Schultern einer breiten Masse übertragen wird. Das für ein Individuum kaum oder nicht tragbare individuelle Risiko, zum Beispiel einer Berufsunfähigkeit oder eines schweren Unfalls, wird dadurch tragbar.

Ein Lebensversicherer ist also nichts anderes als eine Plattform, die einem Individuum den Zugang zum Ausgleich im Kollektiv ermöglicht. Zu den Hauptaufgaben dieser Plattform zählen:

- Kunden auf die Plattform bringen,
- die Plattform verwalten sowie
- die Kapitalanlagen und die Versicherungsrisiken managen.

Zuweilen haben Lebensversicherer bei diesen Hauptaufgaben verschiedene externe Unterstützer: Vertriebe, IT-Dienstleister, Assetmanager und Rückversicherer.

2 Transformation kommt nicht in Schwung

Die Plattform ist schon etwas in die Jahre gekommen. Sie braucht eine Renovation. In der Tat stufen viele Lebensversicherer auf einer hohen Abstraktionsebene das Thema „Transformation" als sehr relevant ein.

In der Praxis zeigt sich noch ein anderes Bild. Kaum ein Lebensversicherer bringt sich bei der Transformation auf Kurs und kann das Potenzial auch nur annähernd abrufen. Einige wenige Versicherer sind sogar der Meinung, dass Transformation und Innovation gar nicht nötig sind.

Die Lebensversicherer konnten sich lange entspannt zurücklehnen, da die ganze Branche bisher noch mehr oder weniger im Dornröschenschlaf schlummerte.

Zaghafte Versuche, das eigene Unternehmen zu transformieren, zum Beispiel mit einem Chief Digital Officer, einem Corporate-Startup oder durch die Übernahme eines Startups, verlaufen oft erfolglos im Sand. Es zeigt sich eindrücklich, dass nicht der Mangel an Ideen das Hauptproblem eines Lebensversicherers ist, sondern die Identifikation der erfolgversprechenden und letztlich deren erfolgreiche Umsetzung.

3 Das nächste große Ding: Ökosysteme

Ein Mensch wandert von Geburt bis zum Tod in verschiedenen Lebenswelten. Dies sind zum Beispiel die Lebenswelten „Schule", „Beruf", „Familie" oder „Haus und Heim". Ein Ökosystem ist eine Kooperation von mehreren Anbietern aus verschiedenen Branchen rund um eine solche Lebenswelt. Im Zentrum stehen immer der Kunde und das Ziel, den Kunden in der Lebenswelt vollumfänglich mit Dienstleistungen zu betreuen. Dienstleistungen sind dabei konkrete Produkte sowie Services rund um die Produkte im Ökosystem und die Lebenswelt des Kunden.

Durch die Bündelung von Dienstleistungen innerhalb eines Ökosystems wird ein erweitertes Werteversprechen geschaffen. Dieses Werteversprechen ist größer als die Summe der Werteversprechen der einzelnen Kooperationspartner. Dies ist eine der vielen Stärken eines Ökosystems.

Durch das breite Angebot an Dienstleistungen sowie durch die Kunden der Kooperationspartner ergibt sich in einem Ökosystem zudem eine vereinfachte Kundengewinnung. Die erhöhte Bequemlichkeit („Alles aus einer Hand") sorgt für eine starke Kundenbindung. Ein gut aufgestelltes Ökosystem schirmt den Kunden gegenüber Mitbewerbern wie eine „unsichtbare" Mauer ab.

4 Integration in Ökosysteme als Königsweg

Die Anforderungen von Kunden an Dienstleistungen steigen. Ein Unternehmen mit reinem Branchenfokus hat weniger Möglichkeiten, Dienstleistungen zu erschaffen, die sich den ändernden Bedürfnissen der Kunden anpassen können und in deren Lebenswelten passen. Dadurch besteht die Gefahr, dass Ökosysteme mit ihren branchenübergreifenden Angeboten den branchenfokussierten Unternehmen Marktanteile streitig machen.

Und in der Tat erfährt die Finanzdienstleistungsbranche mehr und mehr Interesse, zum Beispiel durch große Technologiekonzerne wie Google oder Amazon. Diese sogenannten BigTechs verfügen über große, etablierte Kundennetzwerke, viele Kundendaten, eine enorme Markenbekanntheit, moderne Technologie und über eine gut gefüllte Portokasse. Damit haben sie genug Power, um ganze Industrien aufrollen und auf den Kopf stellen zu können. Ihr schier unendlicher Wachstumsdrang sorgt für Innovationen wie am Fließband und für die fortlaufende Inkubation von neuen Geschäftsmodellen und Geschäftsfeldern.

Ob Finanzdienstleister es wollen oder nicht: Um ihre Bestandskunden bilden sich bereits verschiedene Ökosysteme. Wenn ein Finanzdienstleister in diesen Ökosystemen nicht mitspielt, besteht mittelfristig die große Gefahr, seine Kunden zu verlieren.

Auch die bisherigen Mitbewerber, die sich fast allesamt noch im gleichen „Escape-Room" tummeln, haben das Potenzial, sich neu zu erfinden. Mit ihrem bestehenden Netzwerk an Kunden und Vertriebspartnern haben sie ebenfalls eine gute Ausgangsbasis, in die Welt der Ökosysteme einsteigen zu können.

Letztlich werden die etablierten Vertriebskanäle ihre Pole-Position beim Kunden nicht einfach aufgeben wollen. Auch für sie steht eine Transformation an. Auch für sie ist die Integration in Ökosysteme elementar. Die daraus resultierenden Anforderungen an die Produktlieferanten und Kooperationspartner der Vertriebe werden die Transformation der Versicherungsbranche antreiben.

„Digital" wird dann nämlich nicht mehr nur „nice to have", sondern ein knallhartes Auswahlkriterium für zukünftige Kooperationen sein. Die Lebensversicherer können es sich nicht erlauben, den Kundenzugang über die derzeit wichtigen Vertriebswege zu verlieren.

5 Daran scheitern die Lebensversicherer noch

Die Transformation ist unausweichlich. Sie betrifft alle Bereiche im Unternehmen – gleichermaßen und gleichzeitig. Zum einen steht die Transformation des traditionellen Kerngeschäftes an. Dies ist wichtig, um die Marktstellung und die bestehenden Kooperationen zu schützen. Sie ist also essenziell für die Sicherung des bestehenden Geschäftsvolumens und für die Steigerung der Effizienz und damit der Profitabilität.

Zum anderen ist es aber auch wichtig, Innovationen und Erweiterungen des Geschäftsmodells zu entwickeln und am Markt zu testen. Dadurch kann das eigene Geschäftsvolumen gesteigert und das zukünftige Kerngeschäft aufgebaut werden. Dies sichert die Zukunft des Unternehmens.

Die Herausforderung dabei besteht darin, die Aktivitäten in beiden Bereichen der Transformation gleichzeitig voranzutreiben, ohne einen der beiden Bereiche zu vernachlässigen. Dies klingt nach der Quadratur des Kreises.

Der Aufbau einer Digitalabteilung unter der Leitung eines Chief Digital Officers greift zu kurz. Der Anbau eines weiteren „Silos" kann den notwendigen Befreiungsschlag nicht leisten. Die digitale Transformation verläuft vertikal und horizontal durch das ganze Unternehmen. Die bereits seit Jahrzehnten etablierte „Silo-Organisation" entpuppt sich als großes Hindernis. Diese Organisationsfalle erstickt jegliche Initiativen, die auf die Transformation einzahlen wollen, bereits im Keim.

Die Produktentwicklung mit ihren Schnittstellen zu praktisch allen Unternehmensbereichen steht bei der Transformation im Zentrum. Sie muss auf Start-up-Geschwindigkeit getrimmt werden. Dadurch kann ein Lebensversicherer sich schnell auf die Bedürfnisse von Kunden und Vertriebspartnern ausrichten. Neue Produkte brauchen heute aber noch immer mehr als ein Jahr, bis sie am Markt sind. Und dann sind sie noch nicht einmal sonderlich innovativ und schon gar nicht „digital ready".

Eine langsame Produktentwicklung und die nicht-digitalen Produktprozesse[1] verhindern neue Kooperationen. Sie verhindern Innovationen. Sie verhindern das zeitnahe Markttesten von neuen Produkten und von Erweiterungen des Geschäftsmodells. Sie verhindern die Integration in Ökosysteme.

Kein Kooperationspartner wird zukünftig ein oder zwei Jahre auf ein neues Produkt warten.

Lebensversicherungsprodukte müssen nicht nur schneller und digital dem Vertrieb und dem Ökosystem zur Verfügung gestellt, sondern für den Kunden auch individueller und flexibler werden. Statt „Einheitsprodukte" zu produzieren, muss die „Produktfabrik" des Lebensversicherers für die maßgeschneiderte Massenanfertigung fitgemacht werden.[2]

Automatisierte Produktprozesse und digitale Schnittstellen zu Services und Informationen rund um einen Vertrag müssen der Standard sein. Für die Teilhabe an Ökosystemen muss ein Lebensversicherer daher zunächst die technologische Basis schaffen, um eine schnelle Integration bei Partnern und in Ökosysteme überhaupt sicherstellen zu können. Das ist heute in den meisten Häusern noch nicht der Fall.

Erst mit der technologischen Basis und einer modernen Dienstleistungswelt ist der Lebensversicherer bereit, sich in Ökosysteme zu integrieren. Bekommt ein Lebensversicherer das hin, dann stehen ihm alle Ökosysteme offen.

6 Der Lebensversicherer wird zum Lebensbegleiter

Der Mensch wandelt über sein Leben hinweg in vielen verschiedenen Lebenswelten. Aber eine Lebenswelt „Finanzen“ gibt es nicht. Der Aufbau eines vom Leben eines Menschen losgelösten Ökosystems „Finanzen“ macht daher keinen Sinn.

Und doch, das spannende am Thema „Finanzen“ ist, dass praktisch jede Lebenswelt einen Bezug zu diesem Thema hat. Es dreht sich immer und überall ums Geld oder um die Absicherung von finanziellen Risiken.

Dadurch können ein Finanzdienstleister und eben auch ein Lebensversicherer in allen Lebenswelten (und Ökosystemen) präsent sein. Damit kann ein Lebensversicherer der Lebensbegleiter eines Menschen werden.

7 Das Life-Cockpit

Als Lebensbegleiter hilft ein Lebensversicherer jedem Menschen, sein „Financial Wellbeing“ zu optimieren.

Dafür braucht es eigentlich nur eine einzige Police. Diese deckt alles ab, was ein Kunde in Sachen Lebensversicherung braucht. Sie ist modular aufgebaut und kann sich dadurch jederzeit an die Lebenssituation des Kunden anpassen.

Mit dieser einen Police können die kurz-, mittel- und langfristige Geldanlage, die Vorsorge für das Alter und alle gängigen biometrischen Risiken, zum Beispiel Tod oder Berufsunfähigkeit, abgedeckt werden.

Services machen diese eine Police aber erst richtig komplett. Durch Analysetools, Steuerrechner und fortlaufende Vertragsprojektionen auf Basis der aktuellen Lebenssituation hat der Kunde jederzeit Durchblick bei seiner Altersvorsorge und seinen möglichen Versicherungslücken.

Der Lebensversicherer unterstützt seine Kunden auch bei der Vermeidung und Minimierung von Risiken (Prävention). Er unterstützt seine Kunden beim Eintritt eines Schadenfalls (schnelle Leistungsprüfung, Rehabilitation, Assistance). Die neue Servicewelt des Lebensversicherers orientiert sich am Bedarf und der jeweiligen Lebenswelt des Kunden.

Im Life-Cockpit des Lebensversicherers kommen die neue Produkt- und Servicewelt zusammen. Das Cockpit ist als App oder Web-Applikation das Gesicht (neudeutsch „Front-End") des Lebensversicherers zum Kunden. Mit einem solchen Cockpit kann jeder Kunde seine finanzielle Lebenssituation jederzeit auf einen Blick ablesen.

Dank des Cockpits sieht der Kunde, wie und wo sein Vermögen kurz-, mittel- und langfristig investiert ist. Er weiß, ob und welche Risiken derzeit abgedeckt sind und wo noch Deckungslücken bestehen. Innerhalb des Cockpits kann der Kunde den Schalter zwischen den verschiedenen „Anlagetöpfen" einfach umlegen. Dies können zum Beispiel Kapitalanlagen mit verschiedenen Chancen-Risiko-Profilen und verschiedenen Anlagehorizonten sein.

Der Kunde hat sein Gesamtanlagerisiko im Cockpit immer im Blick und moderne Hochrechnungen geben auf Basis der künftigen planmäßigen Ein- und Ausgaben einen Anhaltspunkt über die Liquidität der nächsten Monate sowie das zukünftige Vermögen im Alter. Der Kunde kann im Cockpit seine persönlichen Finanzen jederzeit selbst managen oder sich dabei von einem Finanzprofi unterstützen lassen.

Dank „Open Finance" kann der Lebensversicherer weitere Finanzdienstleistungen, zum Beispiel Kreditkarte, Bankkonto, Kredite oder auch Versicherungslösungen aus anderen Sparten, einfach in das Cockpit integrieren.

8 Fazit

Um die Bestandskunden von Lebensversicherern bilden sich Ökosysteme. Wenn ein Lebensversicherer in diesen Ökosystemen nicht mitspielt, wird er mittelfristig seine Kunden verlieren. Lebensversicherer müssen in den Wettlauf um Ökosysteme einsteigen. Ob und wie sie in Ökosystemen integriert sein werden, wird über ihre Zukunft entscheiden. Eine Integration wird ohne eine Transformation nicht gelingen. Je später diese Transformation vollzogen wird, desto kleiner ist die Wahrscheinlichkeit, dass der Lebensversicherer seinen Platz in Ökosystemen finden wird.

Mit einer modular aufgebauten Versicherungspolice, die sich flexibel an die jeweilige Lebenssituation des Menschen anpasst, und den zugehörigen Services ist der Lebensversicherer zusammen mit dem Vertrieb in der Lage, in jeder Lebenswelt des Kunden die passende Finanz- und Vorsorgelösung zu liefern.

Mit den Fähigkeiten in der Produktentwicklung stehen und fallen die Zukunfts-Ambitionen eines Lebensversicherers. Dabei geht es um die Beschleunigung und Flexibilisierung der Produktentwicklung. Es geht dabei auch um die Digitalisierung und Automatisierung der Produktprozesse. Vor allem geht es um Services rund um die Police und die Lebenswelten des Kunden.

Ein Lebensversicherer hat mit einer modernen Dienstleistungswelt und den heutigen technologischen Möglichkeiten eine unglaublich gute Ausgangslage und Chance, der Lebensbegleiter eines Menschen zu werden.

Quellen und Anmerkungen:

1: Mit „Produktprozesse" sind zum Beispiel alle Geschäftsvorfälle rund um einen Lebensversicherungsvertrag gemeint. Dies beinhaltet etwa den Antragsprozess oder auch das Abrufen von Vertragsinformationen während der Laufzeit, wie zum Beispiel das Abrufen des Vertragsguthabens.

2: Ein vergleichbarer Ansatz („Mass-Customization") hat zum Beispiel die Automobilbranche und die Sportartikelhersteller in den letzten Jahrzehnten sehr erfolgreich gemacht.

… Daten lügen nicht!

Roger Cericius/Prof. Dr. Christian Lehmann

1 Deutsche Banken und Versicherer hinken in Puncto Innovationsfähigkeit der Gesamtwirtschaft hinterher

Wie reif ist das Innovationsmanagement in deutschen Banken und Versicherungen gemessen an den Vorgaben des neuen internationalen Standards ISO 56002?[1] Und vor allem, wo steht die Banken- und Versicherungswirtschaft im Konzert der deutschen Gesamtwirtschaft?

Grundlage für die neuen Analysedaten sind aktuelle Reifegradmessungen in insgesamt 59 großen und mittelständischen Unternehmen der deutschen Wirtschaft, darunter 18 Banken und Versicherungen. Insgesamt haben mehr als 1200 Personen an der Befragung zur Reifegradanalyse des Innovationsmanagements teilgenommen. Die Ergebnisse wurden ausgewertet und nach Branchen differenziert.

Dass diese Art der Reifegradmessung überhaupt erstmals möglich ist, fußt auf den 7 Dimensionen und 28 Subdimensionen des neuen internationalen Innovationsmanagement-Standards der 56er Reihe, die im Sommer 2019 erstmals in 52 Ländern ausgerollt wurde. Bis dahin haben Vertreterinnen und Vertreter aus Wissenschaft, Wirtschaft und NGO´s rund fünf Jahre lang im Auftrag der International Organization for Standardization, ISO, an dem ersten global gültigen Innovationsmanagement-Standard gearbeitet. Das Ergebnis bietet nun erstmals die Möglichkeit, ganze Wirtschaftsräume und deren einzelne Wirtschaftszweige nach Branchen, Unternehmen und Organisationen differenziert auf ihre Innovationsfähigkeit hin zu analysieren und so die Reife und Güte von Innovationsmanagementstrukturen der Unternehmen und Organisationen zu messen und zu vergleichen.

---

1 ISO 56002:2019, Innovation management — Innovation management system — Guidance. International Organization for Standardization, Stand 7/ 2019, 26 Seiten. Verfügbar unter https://www.iso.org/standard/68221.html (abgerufen am 10.12.22).

Abbildung 1: Die sieben Dimensionen des ISO-Standards 56002
(Darstellung innotonic, angelehnt an ISO 56002:2019)

Das Verfahren der Standardisierung von ganzheitlichen Managementprozessen ist erprobt, gewohnt und geschätzt und hat durch die Etablierung von Projekt-, Risiko- oder Qualitätsmanagement einen festen Platz in den Organisationsstrukturen unserer Unternehmen und Organisationen. Das nun auch ein Managementstandard für den Themenkomplex Innovation Einzug erhält, ist somit logisch und scheint, wie die Befragung deutscher Unternehmen zeigt, dringend erforderlich.

Dass es nun möglich ist, das Vorhandensein und die Reife von Innovationsmanagementstrukturen in einem einfachen Verfahren zu messen, ist das Arbeitsergebnis einer Zusammenarbeit von Fachleuten aus Wissenschaft und Wirtschaft, die die 292 Kernaussagen des ISO 56002 ausgewertet, bewertet und zu einem Assessment aus 64 Fragen verdichtet haben.

Entstanden ist die weltweit erste Analyse, die erfasst, wie es um den Zustand des Innovationmanagements im zu betrachtenden Unternehmen insgesamt steht. Der Reifegrad der vorgegebenen Dimensionen, Subdimensionen und Handlungsfelder des Standards wird anschließend in einer Art Schulnotenlogik auf einer Skala von 1 (sehr gut) bis 5 (mangelhaft) ausgegeben.

Deutsche Banken und Versicherungen sind nur mäßige Innovatoren.

Bislang wurden auf diese Weise insgesamt mehr als 200 deutsche Unternehmen und Organisationen untersucht. Darunter auch 18 Banken und Versicherungen mit Sitz in Deutschland. Die Ergebnisse lassen aufhorchen, denn verglichen mit der Gesamtwirtschaft ist die Qualität des Innovationsmanagements, die der ISO 56002 vorgibt, nur unzureichend ausgeprägt. Mit der Note 3,1 liegen Banken und Versicherungen bezogen auf alle Einzeldimensionen noch hinter der Gesamtwirtschaftsbenchmark von 2,9 (vgl. Abbildung 2). Was darauf schließen lässt, dass deutsche Banken und Versicherungen nur mittelmäßige Innovatoren sind.

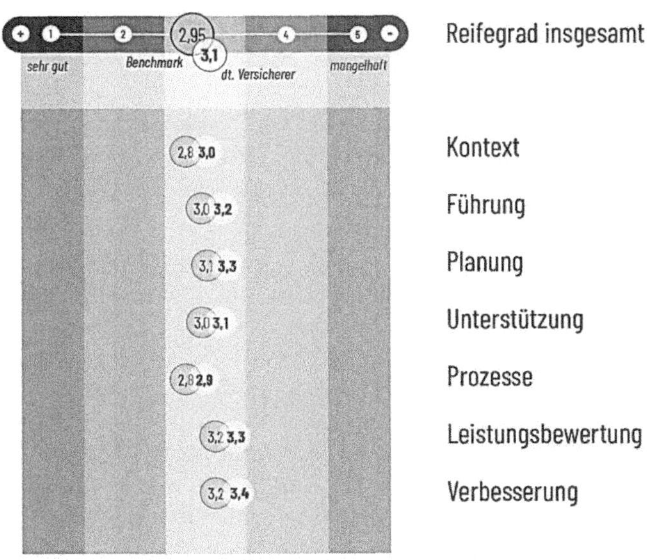

Abbildung 2: Reifegrad des Innovationsmanagements nach ISO 56002,
deutsche Versicherer (n=18, rot)

Schaut man genauer hin, können Banken und Versicherungen in kaum einer der sieben ISO-Dimensionen punkten. Deutlich wird das durch den detaillierteren Blick auf die Subdimensionen und Handlungsfelder (vgl. Detailfragen in Anhang 2). Während beispielsweise in der ersten Dimension **Organisationskontext** die Abweichungen zwischen Gesamtwirtschaft und Banken und Versicherungen nur 0,2 Punkte ausmachen, differieren die Subdimensionen in der Detailbetrachtung erheblich. Allgemeine Rahmenbedingungen, wie etwa die auf Innovationsprozesse bezogene Erwartungshaltungen der Stakeholder innerhalb und außerhalb der Organisationsstruktur, ihre Bedürfnisse in Sachen Innovationsentwicklung und das Innovationsmanagement im Kontext der gesamten Unternehmenskultur und im Rahmen der Zusammenarbeit weisen deutliche Abweichungen auch innerhalb der befragten Gruppe auf. So werden in der Banken- und Versicherungswirtschaft Umwelteinflüsse, die auf das Geschäftsmodell wirken, zufriedenstellend betrachtet (2,5). Allerdings nicht in einem strukturierten Ansatz im Rahmen eines Innovationsmanagements (3,1). Eine besondere Schwäche wird in der mangelnden Bereitschaft zur Kooperation mit anderen Interessengruppen deutlich (3,3). Insgesamt ist der Blick nach außen und die Bereitschaft zur Kooperation sehr geprägt von Risiken, nicht aber von den Chancen, die sich aus der Einbindung Dritter ergeben können.

Der Blick nach außen ist zu sehr geprägt von Risiken, nicht aber von den Chancen, die sich zum Beispiel aus Kooperationen ergeben.

Besonders auffällig sind die Abweichungen auch in der zweiten Dimension **Führung** des neuen ISO-Standards. Während die Management- und Führungsebene der Unternehmen und Organisationen ein ausgeprägt erkennbares Interesse an Innovation zeigt (2,5) und sich auch über die Bedeutung von Innovation bewusst ist (2,6), mangelt es aber an entsprechenden Innovationsstrategien (3,6), an Innovationsvisionen (3,7) und auch an themenbezogener Kommunikation (3,6). Insgesamt haben Management und Führungsebene in Banken und Versicherungen die Relevanz von Innovation für die eigene Organisation erkannt, adressieren sie aber nicht oder nicht richtig genug.

Dabei gelten gerade beim Thema Führung besondere Regeln mit Blick auf Wertsteigerungstreiber. Chancen müssen erkannt, bewertet und anhand strategischer Erkenntnisse verwertet werden. Der Führung obliegt es, eine Balance und ein wertsteigerndes Verhältnis zwischen Chancen und Risiken sicherzustellen und daraus entsprechende Vorhaben zu priorisieren. Und das möglichst auf der Basis einer gemeinsamen Innovationskultur und der entsprechenden Strategie.

Auch die Formulierung und Kommunikation einer Innovationsvision ist von zentraler Bedeutung, denn sie ist wie auch die Innovationsstrategie Leitfaden und Leitplanke für die Weiterentwicklung des Innovationsmanagements im Unternehmen. Die sich daraus ergebenen Innovationsziele sind breit und verständlich im Unternehmen zu kommunizieren und im besten Fall auch gegenüber Kunden und externen Stakeholdern.

Sind die bestehenden Strukturen wirklich innovationsförderlich?

Dass erfolgreiche Unternehmen sich gerade mit Prozessplanung, Chancen- und Risikomanagement auskennen, ist eine relevante Grundlage erfolgreichen Wirtschaftens. Zumindest dann, wenn sie sich auf evolutionär gewachsene Geschäftsfelder und die dazugehörigen Organisationsstrukturen beziehen. Aber wie ist es mit explorativeren Innovationsthemen? Gibt es im Vorgehen und der Bearbeitung und Umsetzung ebenfalls einen Konsens? Sind die bestehenden Organisationsstrukturen wirklich innovationsförderlich? Gibt es klare Vorgaben, um verschiedenste Innovationsprojekte zu verwalten, und ein darauf bezogenes, aktives Chancen- und Risikomanagement?

Der Blick in die Analyse und hier auf die dritte Dimension **Planung** zeigt auch hier deutliche Schwächen in der Banken- und Versicherungswirtschaft auf. Denn ein klares Vorgehen zur Planung und Steuerung von Innovationsvorhaben und zur Förderung des Themas an sich existiert nur in Ansätzen (3.3). In Verbindung mit der Dimension 2, **Führung,** wird zudem erkennbar, dass dem vorhandenen Bekenntnis des Managements zu Innovation kein ernsthaftes und zielgerichtetes Bemühen folgt. Das Innovationsmanagement ist nicht systematisch im Unternehmen verankert.

Unterstrichen wird diese Annahme auch durch die vierte Dimension des Innovationsmanagement-Standards ISO 56002. Im Bereich **Unterstützung** wird in der ISO-Vorlage das Ressourcenmanagement im Kontext Innovation betrachtet. Allerdings geht es hier nicht allein um Innovationsbudgets, sondern um jegliche Form unterstützender Ressourcen. Dazu gehört neben Budget, gleichbedeutend auch Zeit,

Wissen, Personal, Werkzeuge und weitere Managementinstrumente. Hier zeigt die durchgeführte Analyse im Bereich Banken und Versicherungen, dass innovationsförderliche Ressourcen nur bedingt vorhanden sind. Insbesondere fehlende zeitliche Freiräume sind kritisch zu bewerten. Relevante Werkzeuge und Managementinstrumente (z. B. Wissensmanagement) fehlen weitgehend (3.5).

Oft ist ein Interesse, aber kein ernsthaftes Bemühen des Managements vorhanden, Innovation systematisch und nachhaltig im Unternehmen zu verankern.

Die Konsequenzen dieser unvollständigen und eben nicht ganzheitlichen Innovationsmanagementstrukturen in den untersuchten Banken und Versicherungen werden in den Dimensionen sechs ***Leistungsbewertung*** und sieben ***Verbesserung*** deutlich. Auf den Punkt gebracht geben die Befragten an, dass eine kontinuierliche Erfassung, Bewertung und Verbesserung von Innovationsvorhaben kaum existiert (3.3 für Bewertung, 3,4 für Verbesserung). Hier wirken vor allem die Planungsdefizite nach. Es fehlt an Kennzahlen, Leistungsbewertungskriterien und funktionalen Messinstrumenten. Und es fehlt an Zeit, die Strukturen zu verbessern.

Zusammenfassend wird deutlich, dass sich Banken und Versicherungen schwertun, das eigene Innovationsmanagement als das zu sehen, was es ist: ein komplexes Ökosystem mit Strukturen, Stakeholdern, Ressourcen und Handlungen. Der ISO-Standard ist ein vielversprechendes Instrument, um Innovation systematisch zu erfassen und zu entwickeln. Die Analyse zeigt auch, dass deutsche Banken und Versicherungen in ihrer Innovationsstrategie eher episodisch und in Projekten denken und weniger an die systematische Verankerung innovationsförderlicher Strukturen im Unternehmen.

Innovationen brauchen ein betriebliches Ökosystem, dessen Auf- und Ausbau sind ebenso Gegenstand des Innovationsmanagements wie die Steuerung konkreter Projekte.

Ein Happy End kann es auf Basis der erfassten Daten leider nicht geben. Vielleicht aber ein oder zwei Lichter am Ende des Tunnels.

Das erste Licht betrifft die Paradedisziplin der analysierten Banken und Versicherungen im Rahmen der vorliegenden Reifegradanalysen zum Innovationsmanagement nach ISO 56002. Mit einer 2,9 und damit nur knapp hinter der Benchmark der gesamten deutschen Wirtschaft reiht sich die fünfte der sieben Dimensionen ein. Die Dimension **Prozess** legt den Fokus auf die strukturierte Umsetzung der Innovationsstrategie in betrieblichen Prozessen der Unternehmen u. a. rechtzeitige Identifizierung und Bewertung relevanter Trends durch die Nutzung kreativer Prozesse und von Prototypen. Der Innovationsprozess ist in vielen Unternehmen klar definiert und erprobt. Das Projektmanagement ist flexibel, Umfeldanalysen liegen vor. Dagegen sind die Nutzerintegration sowie systematische Make or Buy Entscheidungen eher mau. Dennoch gilt für die analysierten Banken und Versicherungen: Innovationsprojekte werden vielfach gut aufgesetzt. Wenn sie jetzt auch noch in einem strukturierten und ganzheitlichen Innovationsmanagement in den Unternehmen und Organisationen umgesetzt werden, dann können sich auch die vielfach beschriebenen Umsetzungsschwächen lösen. Denn gute und innovative Ideen und wertvolle Erkenntnisse aus Forschung und Entwicklung gibt es genug auch bei Banken und Versicherungen.

Innovationsprojekte werden vielfach gut aufgesetzt, aber unzureichend umgesetzt.

Und das zweite Licht am Tunnel ist ein Werkzeug. Ein Werkzeug, das aus der Unsicherheit über die eigene Innovationsfähigkeit eine Erkenntnis über die Reife der vorhandenen Innovationsmanagementstrukturen macht, die **ISO 56002.** Im Zusammenspiel mit einer Betrachtung des eigenen Unternehmens, wie mit der hier beschriebenen Reifegradanalyse, kann das Innovationsmanagement systematisch verstanden und verbessert werden.

Zu guter Letzt: Durch die für Versicherungen ab Januar 2024 verpflichtende Nachhaltigkeits-Berichterstattung gewinnt das Thema Chancenmanagement, also Innovationsmanagement, noch weiter an Bedeutung. Denn ohne die Erfüllung der entsprechenden EU-Vorgaben zum strukturiert auf Nachhaltigkeit ausgerichteten Innovationsmanagement werden Versicherungen sukzessive in ein schwieriges Fahrwasser geraten. Wer heute die Innovationsmanagement-Reife misst, weiß morgen, wo er auch als Versicherung mit Blick auf Innovationsmanagement steht.

Mit (Big-)Data basiertem Vorgehen Innovationsvorhaben vor Managementfehlern bewahren!
Rückblickende Analyse einer erfolgreichen Innovationschallenge der Union Reise- und Krankenversicherung

Jens Heydenreich

1 Ausgangssituation[1]: COVID-19 hat (auch) das Geschäftsmodell der Reiseversicherung in Frage gestellt.

Spätestens seit Februar 2020 wurde durch COVID-19 die Lebensrealität vieler Menschen stark beeinflusst. Für die Bewegungs- und damit auch Reisefreiheit hatte diese Pandemie schnell extreme Beschränkungen mit sich geführt. Ab März 2020 wurden diverse Regelungen zum Reiseverkehr bis hin zu massiven Kontaktbeschränkungen (Lockdown) verhängt, um damit einer Verbreitung des Erregers entgegenzuwirken. In erster Konsequenz der Maßnahmen brach die Reisetätigkeit in 2020 weltweit zusammen. Wenn auch im Laufe des Jahres 2022 die meisten Reiseeinschränkungen für in Deutschland Lebende wieder aufgehoben wurden, so gibt es diese weiterhin ergänzend zu den immer situationsabhängigen Reisewarnungen[2] des Auswärtigen Amtes.

Unterschiedliche regulatorische Zuständigkeiten führten seit 2020 zu diversen und weitgehend unübersichtlichen Regelungen, die es für Reiseplanungen zu beachten gibt.

---

1 Vgl. Chronik zum Coronavirus SARS-CoV-2 | Maßnahmen, Folgen der COVID-19-Pandemie für grenzüberschreitende Mobilität und Tourismus in Deutschland – Wikipedia,

2 Aktuelle Reisewarnungen – Auswärtiges Amt.

In der ersten der vier sich überlappenden Phasen führte dies dazu, dass viele bereits geplante Reisen nicht mehr angetreten werden konnten oder nur mit Einschränkungen und Anpassungen möglich waren. Beherbergungsverbote, Quarantäneregelungen für Infizierte und Kontaktpersonen sowie weitere Einschränkungen der Bewegungsfreiheit führten zum Storno des bereits im Vorfeld gebuchten Reiseverkehrs.

Die zweite Phase war weiter von fast vollständigem Reiseverzicht geprägt, in der es aufgrund der Beschränkungen fast unmöglich war, touristische Reisen zu buchen oder durchzuführen. In dieser Zeit wurden insbesondere die touristischen Anbieter (Reisebüros, Hotels, Fluggesellschaften, ...) unter hohe Unsicherheit und wirtschaftlich extremen Druck gestellt. Diese Phase hielt mit leichten Aufs und Abs bis Mitte 2022 an. Vorläufig letzter Meilenstein war der 11.6.2022 mit der Aufhebung aller Einreisebeschränkungen nach Deutschland. Seit Mitte 2021 befinden wir uns in einer ebenfalls nicht linearen Erholungsphase, in der sich das Reiseaufkommen beruflich wie privat wieder Richtung des Vor-Covid-Niveaus von 2019 entwickelt und sich dabei an die jeweils geltenden Regelungen und Möglichkeiten anpasst.

In einigen Segmenten haben wir in 2022 bereits die vierte Phase erreicht. Erst hier wird Covid-19 nicht mehr von anderen Erkrankungen unterschieden und führt nicht mehr zu einer grundsätzlich besonderen Beachtung bei einer Reisedurchführung. Ein solches Segment ist zum Beispiel der private innerdeutsche Tourismus mit einem eigenen/gemieteten KFZ. Mit dem Wegfall der Isolationspflicht ist solchen Reisenden der Umgang mit COVID-19-Ansteckungen somit in die Eigenverantwortung übertragen worden.

Tauchen wir nun in die Reiseversicherungsbranche ein, so haben wir die vierte Phase noch nicht erreicht. Solange die WHO den offiziellen Pandemiestatus von COVID-19 (genauer „gesundheitliche Notlage von internationaler Tragweite" (PHEIC)[3]) nicht aufgehoben hat, ist für den Leistungsanspruch aufgrund von COVID-19 gegenüber einer Reiseversicherung bei bestehendem Ausschluss von Leistungen aufgrund von Pandemien (sog. Pandemieausschluss-Klausel) eine gesonderte Betrachtung erforderlich.

3 COVID-19 Public Health Emergency of International Concern (PHEIC) Global research and innovation forum.

Somit ist unmittelbar erkennbar, dass COVID-19 auch eine Anpassung des bestehenden Geschäftsmodells einer Reiseversicherung erforderlich gemacht hat. Und dies nicht nur einmalig sondern kontinuierlich, wie im gesamten touristischen Segment. Auf Anpassungsbedarf folgt Veränderung oder zwingender wirtschaftlicher Verlust. Als wirtschaftlich verantwortlich handelndes Unternehmen hat die Union Reiseversicherung weiter auf Veränderung gesetzt. Dabei ist es in Situationen von hohen Unsicherheiten besonders wichtig, überlegt und ergebnisorientiert zu handeln.

Unsere internen Herausforderungen waren dabei insbesondere die neuen und sich stets ändernden regulatorischen Voraussetzungen, der völlige Einbruch von Reisebuchungen, mit denen ein Großteil der Reiseversicherungen über unsere touristischen Partner verkauft werden, sowie ein hohes Verlustrisiko aufgrund stark steigender Reisestornierungen zulasten unseres Kundenbestands. Die Unsicherheiten über die jeweiligen zukünftigen Entwicklungen sind dabei sehr hoch.

„Zentrale Herausforderung eines Reise- und Krankenversicherers durch COVID-19: Verlust von Vorhersagekraft, Einbruch des Neugeschäfts, Unwirtschaftlichkeit der Bestände".

Bei unserer Zielgruppe der Reisenden haben sich die Bedürfnisse und deren Lösungsstrategien ebenfalls stark verändert. Neben COVID-19 als zentralem Auslöser ist die Digitalisierung der Gesellschaft dabei sowohl ein treibender Faktor für sich ändernde Bedürfnisse als auch Unterstützung zu deren Identifikation und Befriedigung zugleich.

Eine der Ursachen für erfolglose Innovationsvorhaben (oder auch Veränderungsprojekte) liegt in der eigenständigen Definition von Scheinbedürfnissen der eigenen Kunden, die dann – nach zum Teil teuren Umsetzungsprojekten – nicht zur erhofften Nachfrage beim Kunden führen. Tiefkühllasagne eines bekannten Zahnpasta-Herstellers zum Beispiel[4]. Um dies zu vermeiden, setzt die Union Reise- und Krankenversicherung dabei konsequent auf echte Kundenorientierung in Kenntnis der eigenen Lösungskompetenzen.

4 Bildergalerie: Los Angeles: Das Museum des Scheiterns – Bild 2 von 13 – FAZ.

2 Ein guter Startpunkt für eine Innovationschallenge: Nicht aus Panik heraus handeln sondern durch ReFokus auf best fit zw. echtem Kundenbedürfnis und Lösungskompetenz des jeweiligen Unternehmens.

Im Februar 2020 startete die Union Reiseversicherung eine Innovationschallenge, um geeignete Antworten auf die zu Beginn noch unklare, sich verändernde Bedürfnislage der Zielgruppe zu finden. Diese fand erstmals zu 100 % über virtuelle Zusammenarbeitsformen und Plattformen statt.

Auf eine methodische Diskussion verzichte ich hier, auch wenn Buzzwords wie Design Thinking, Creative Problem Solving, customer centricity, agile, cross functional, ... dabei sicher in gängigen Suchmaschinen die Auffindbarkeit dieses Textes erhöhen würden.

Eine schlicht wirkende Kurzdarstellung unserer Kunden-Situation verdeutlicht, wo sich Erwartungen der Zielgruppe mit Lösungskompetenzen einer Reise- und Krankenversicherung treffen.

Phase	Vor der Reise	Während der Reise	Nach der Reise
Fragestellungen und Probleme des Kunden	• Was will ich (Strand, Aktivitäten, Kultur, etc.)? • Wo fahre ich hin (Reiseziele)? • **Wie setzt sich die Reise zusammen (Flug, Transport, Hotel, etc.)** • **Auf was muss ich mich vorbereiten? (Impfungen, Gefahren, andere Sitten, etc.?)**	• **Etwas ist anders als erwartet und gefällt mir nicht (Flugverspätung, mangelhafte Hotelleistung, etc.)!** • Ein akutes Problem taucht auf (Unfall, Krankheit, etc.)	• Etwas ist anders gelaufen als ich es geplant hatte • Ich will eine Kostenerstattung!
Emotionale Komponente	Unsicherheiten, Vorfreude	Frust, Enttäuschung, Angst	Enttäuschung, Wut
Aufgaben der Reiseversicherung	• Abbau von Ängsten • Stärkung der Sicherheit und Vorfreude auf die Reise	• Hilfestellung und Problemlösung bei akuten Problemen und Fragen vor Ort	• Bekannte / gelernte Aufgabe: Kostenerstattung im Schadensfall
Fragestellungen für die Reiseversicherung	• Welche relevanten Ängste sollen abgebaut werden? • Wie kann die Sicherheit und Vorfreude gestärkt werden?	• Welche relevanten Probleme und Fragen vor Ort soll die Reiseversicherung lösen?	

Abb. 1: Bedürfnisse und Fragestellung an einen Reiseversicherer entlang der Reisephasen
Quelle: Projektergebnisse von Dadora GmbH mit Union Reiseversicherung AG

Eine besondere Betrachtung der Kostenerstattung bei Stornierung einer Reise oder Gesundheitskosten auf einer Reise war nicht im Fokus. Da eine Reiseversicherung besonders dann sinnvoll ist, wenn eine Reise angetreten werden soll, liegt unser Fokus darauf, „einfach ein gutes Gefühl!" bei der Reiseplanung zu vermitteln, um Ängste und Sorgen abzubauen, die Reisefreudige davon abhalten bzw. abgehalten haben, eine Reise zu buchen.

Hier gingen wir über klassische Kundenbefragungen hinaus und setzen auf die Daten, die unsere Zielgruppe freiwillig und völlig losgelöst vom Kontext einer Reiseversicherung öffentlich bereitstellt! In Internetforen, Blogs und sozialen Medien ist Reisen ein sehr ausgiebig vertretenes Themenfeld und ist somit hervorragend dafür geeignet, durch KI gestützt durchsucht und analysiert zu werden.

Der größte Vorteil dieser Methoden liegt darin, dass Antworten auf viele Fragen vorliegen, die zu Beginn teilweise noch gar nicht gestellt worden sind. Anders bei klassischer Marktforschung: Der Rahmen, der durch eine Fragesituation gesteckt wird, beeinflusst stets die Antworten. Wer diesen Umstand nicht berücksichtigt, läuft schnell Gefahr, in realen Situationen völlig andere Ergebnisse zu erhalten als erwartet.

Konkret hat die Union Reiseversicherung in enger Zusammenarbeit mit der Dadora GmbH[5] über 2,5 Millionen öffentliche Textfragmente von mehreren tausenden Autoren aus diversen Reiseforen analysiert. Dabei setzt die verwendete KI vor allem auf ein strukturiertes Zerlegen der Texte in semantische Zusammenhänge, welche auch anhand sogenannter semantischer Karten oder Listen dargestellt werden können, und identifiziert Ähnlichkeiten zwischen verwendeten Begriffen, Texten und Autorenprofilen.

Daraus lassen sich relevante thematische Cluster schnell von weniger relevanten Themen differenzieren sowie Ähnlichkeiten unterschiedlicher Autorenprofile erkennen, um Zielsegmente zu verfeinern. Umgekehrt ermöglicht es auch, in jedes vorhandene Thema tiefer abzutauchen, um Einzelaspekte zu ergründen.

Wir können der Einfachheit halber hier sehr grob nach zwei Stereotypen unterscheiden. Den Convenience-Typus und den Experience-Typus. Drei unterschiedliche Themencluster darauf hin untersucht

5 DADORA Marktforschung mit Künstlicher Intelligenz und Big Data.

verdeutlichen die Unterschiede der Segmente und die Fähigkeiten der datenorientierten Vorgehensweise. Dabei beschränken wir uns erst auf die Datenlage vor COVID, die bis dahin eine gewisse Beständigkeit in vielen der Themen gezeigt hat.

2.1 Themenfeld Strandurlaub

Strandurlaub ist durchweg eines der Top-Themen, wenn es um Reisen geht. Dabei unterscheidet sich das Themenfeld je nach Typus schon sehr. Der Convenience-Typus sucht Erholung, Entspannung und will vor allem am Strand liegen und im Meer schwimmen. Kultur, Shopping und Rundreisen sind als Abwechslung willkommen. Der Experience-Typus mag es deutlich aktiver und breiter gefächert. Sport (wie Tauchen, Surfkurse, Schnorcheln, …), Party, Shopping sowie Kulturerfahrungen und Natur sind im Kontext Strandurlaub sehr relevante Themenfelder.

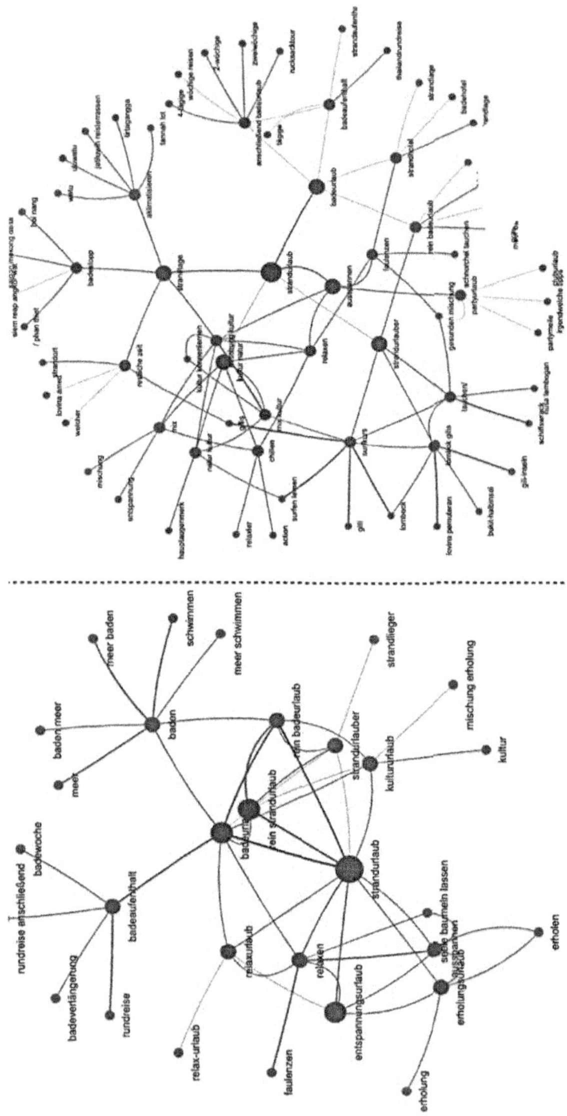

Abb 2: Semantische Karten des Themenfelds „Strandurlaub" bei den beiden Stereotypen Convenience (links) und Experience (rechts) vor 2020

Quelle: Projektergebnisse von Dadora GmbH mit Union Reiseversicherung AG

2.2 Themenfeld Reisevorbereitung

Bei der Reisevorbereitung greifen die eher entspannungssuchenden Convenience-Typen gerne mal zum Reiseführer oder auf leicht zugreifbare Reiseberichte zurück, um daraus das geeignete Reiseziel auszumachen oder die Reiseplanung für eine feststehende Zielregion zu verfeinern. Der Experience-Typus geht auch hier viel tiefer und beschäftigt sich oft auch mit Geschichte, Flora und Fauna sowie der Lebensweise und Lebensbedingungen der regionalen Bevölkerung (was am Rande bemerkt sehr gute Voraussetzungen für nachhaltiges Reiseverhalten bildet). Neben Informationen zum Zielort geht es auch um die richtige Zusammenstellung der Reise. Das umfasst Reiseanbieter, Buchungsportale, Transportmittel, Anforderungen für ein geeignetes Gepäck sowie erforderliche Impfungen, Bescheinigungen usw.

2.3 Themenfeld Vorsichtsmaßnahmen

Während der Convenience-Typus Vorsichtsmaßnahmen hinsichtlich Taschendieben, Überfällen und vor allem gesundheitlichen Themen wie Durchfall, Tropenkrankheiten und Infektionen als relevant erachtet, treten beim Experience-Typus Vorsichtsmaßnahmen gegen KO-Tropfen, Belästigungen, Terroranschläge und große Menschenansammlungen in den Vordergrund.

3 Veränderungen durch Covid: Wir werden unterschiedliche Phasen durchlaufen und sich ändernde Bedürfnisse erfüllen

In der ersten Phase (geplante Reisen wurden abgesagt oder mussten storniert werden) zeigte sich ein starkes Bedürfnis in der Schlichtung von Streitigkeiten mit Reiseportalen und -anbietern, wenn es sich um Rückerstattung der bereits geleisteten Anzahlungen handelte. Diese Themen haben in den folgenden Phasen erwartungsgemäß sehr schnell abgenommen, da die Reiseindustrie im Rahmen der Wiederbelebung des Geschäfts mit flexibleren Lösungen reagiert hat. Für diese Zeit konnte eine Kompetenz von entsprechender Rechtsberatung und -hilfe auch innerhalb der Versicherungsbranche erfolgreich eingesetzt werden.

Der erste Frust über die Reiseeinschränkungen wurde weitgehend in Reisesehnsucht mit gemischten Gefühlen bezüglich der COVID-

Risiken umgewandelt. Auch dies zeigen die Daten eindrucksvoll. So finden sich in 2021 im Kontext der Stress-Faktoren beim Convenience-Typus Sorgen um Umbuchungen, Stornierungen und Erstattungen bei erneuten Reiseausfällen, während der Experience-Typus sich von unsicheren Regelungen für die An- und Abreise gestresst fühlt.

Bei den Lösungsansätzen lassen sich daher sowohl Trends zu verstärkter Pauschalreisebuchung in 2021/2022 identifizieren, als auch Trends zu individuellerem Reisen mit dem eigenen Transportmittel (wie z. B. Wohnmobilen, umgebauten Vans) in nähere Umgebungen, die sonst seltener in Betracht gezogen wurden.

Wenn auch in einigen Facetten sehr unterschiedlich in der Erwartungshaltung der einzelnen Zielgruppen, so sind zwei gemeinsame relevante Bedürfnisse erkennbar, die auch durch Lösungen eines Reiseversicherers bedient werden können:

- Der Wunsch nach professioneller medizinischer Beratung und Versorgung rund um die Reise und zu jeder Zeit
- Die Möglichkeit, sich trotz der Pandemie vor Stornokosten durch COVID-bedingten Reiserücktritt zu schützen.

Diese beiden Kernbedürfnisse – die jeweils zentrale Schlüssel sein können, damit eine Reise erst gebucht und später angetreten wird – gilt es seit 2020 angemessen und zielgruppengerecht zu befriedigen.

Das zweite Bedürfnis ist trotz flexibler Umbuchungs-Möglichkeiten der Tourismusbranche weiterhin stark ausgeprägt, wenn auch aufgrund der wegfallenden Reise-Einschränkungen mit einem abnehmenden Trend gegen Ende des Jahres 2022. Bei den entsprechenden Lösungen spaltet sich inzwischen der Reiseversicherungsmarkt in „integrative“ Produkte, bei denen COVID im Grundprodukt mit versichert ist, und in „optionale“ Produktmodelle, bei denen ein expliziter COVID-Schutz individuell zu einer vollwertigen Reiseversicherung kostenpflichtig hinzugebucht werden kann. Die Entscheidung der Union Reiseversicherung zu einem optionalen Modell beruht im Wesentlichen auf den beiden Argumenten Schutz des gesamten Versichertenkollektivs und der voraussichtlich nur für die Zeit einer expliziten COVID-Pandemie bestehenden, breiten Bereitschaft, für ein entsprechendes Produkt einen höheren Preis zu zahlen. Beide Argumente sind weder gewürfelt noch beruhen sie auf Einzelmeinungen. Sie sind derzeit wie die identifizierten Kernbedürfnisse datenbasiert anderen Argumenten vorzuziehen.

3.1 Konsequenz im aktuellen Umfeld: Digitaler Zugang zur Zielgruppe und zu Lösungen zentraler denn je!

Marktreif eingeführt wurde bereits ab Mitte 2020 eine optionale Covid-Zusatzversicherung, um Reiserücktrittskosten auch in Konsequenz einer Covid-Erkrankung abzusichern. Diese wurde seitdem bereits in die dritte Generation weiterentwickelt, um sie an die veränderten Rahmenbedingungen und Kundenbedürfnisse anzupassen.

Bereits im zweiten Quartal 2020 wurde ein an die Versicherung angeschlossenes Servicepaket im Markt positioniert, welches bestehende und neue Serviceelemente zielgruppenorientiert bündelt. So wurden die medizinischen Assistanceleistungen (Notfallassistance für ambulante und stationäre Behandlungen sowie medizinischer Rücktransport) um eine neue, 24/7 erreichbare, digitale Sprechstunde erweitert, die es unseren versicherten Reisenden ermöglicht, von überall und jederzeit einen deutschsprachigen Arzt zu erreichen, um medizinische Beratung zu erfahren. Gebündelt wurde dies mit einem Travel-Infoservice, um Fragen rund um medizinische Versorgung oder auch Anforderungen an Hygienemaßnahmen usw. bereits im Vorfeld kompetent zu klären. Mit einem telefonischen Stornokompass, der Fragen bei einer drohenden Reisestornierung individuell und verlässlich mit dem Kunden klärt, wurde das Servicepaket[6] komplettiert.

Neben den Kernleistungen und -services liegt ein Fokus auch auf einer weitgehend digitalen Umsetzung an der Kundenschnittstelle und in der Bearbeitung. Erfahrungen aus Kontaktbeschränkungen, Onlineshopping, digitalen Arbeitswelten und der Digitalisierung des Alltags legen nahe, dass über den gesamten Lebenszyklus einer Reiseversicherung auch ein digitaler Zugang zum Produkt und den Leistungen gewährleistet sein muss. Nur so kann weitgehend sichergestellt werden, dass es den Bedürfnissen und Erwartungen der Kunden gerecht und das Angebot überhaupt innerhalb seiner Wahrnehmung ist. Logische Konsequenz sind ergänzende digitale Vermarktungskanäle, digitale Abschlusswege für alle Vertriebswege, digitale Kundenkontaktknoten für Services und Informationen und automatisierte Bearbeitungselemente.

So wurde zum Beispiel für alle deutschen Sparkassenkunden mit Gold- oder Platinumkarte, deren Versicherungsschutz bei der Union Reiseversicherung/Union Krankenversicherung besteht, mit www.S-Reiseschutz.

6 Reisepartner | Reiseversicherung für Privatkunden.

de ein neuer Kontaktknoten[7] entwickelt, über den Vertriebspartner und Kunden alle benötigten Informationen erhalten, Ergänzungsprodukte abschließen und Services in Anspruch nehmen können.

Über diesen und andere digitale Kanäle haben sich in den letzten 18 Monaten hunderttausende Versicherte eigenständig gegen Covid-bedingte Stornokosten bei der Union Reiseversicherung versichert und somit auch die Risikotragfähigkeit des gesamten Bestandes geschützt. Alleine in den letzten Monaten wurden hunderte individuelle Versicherungs-Bescheinigungen für Auslandsreisen von der Union Krankenversicherung online im Self-Service beantragt und voll automatisiert erstellt sowie viele medizinische Beratungsleistungen der digitalen Sprechstunde aus dem Ausland heraus abgerufen.

4 Fazit

Zusammenfassend kann konsequent datengestütztes Vorgehen das Risiko einer Fehlinvestition erfolgreich minimieren.

Um es an einem Beispiel zu demonstrieren: Erst die analytische Betrachtung der Daten konnte die ursprüngliche Abneigung innerhalb des Teams und des Managements überstimmen, bestehende Serviceelemente wieder aktiv in die Vermarktung zu nehmen und mit neuen Services kombiniert und zielgruppen- sowie situationsgerecht neu zu positionieren. Auch wurde schnell klar, dass es keinen Smart-Speaker-Skill mit Infofunktion über ärztliche Versorgungseinrichtungen am Urlaubsort braucht.

Die Unsicherheiten über die zukünftigen Entwicklungen werden weiter bestehen und erfordern neben überlegtem Handeln immer mehr die unternehmerische Fähigkeit, relevante Bedürfnisse früh zu erkennen, Handlungsalternativen abzuleiten und kontinuierlich weiter zu entwickeln. Auch im Rahmen der Priorisierung der einzelnen Elemente und Schrittfolgen spielt datengestütztes Arbeiten somit eine wichtige und wirkungsvolle Rolle.

Die fortschreitende Digitalisierung in vielen Kundeninteraktionen und Arbeitsschritten führt selbst wiederum zu einer breiteren Daten-

7 www.S-Reiseschutz.de.

basis, um die nächsten Schritte geeignet zu priorisieren und Handlungsbedarfe früher zu erkennen.

„Ob wir bald die KI selbst Produkte, Services und Kundeninteraktionen weiterentwickeln lassen werden, bleibt dennoch vorerst fraglich.“

Quellen und Weblinks:

Chronik zum Coronavirus SARS-CoV-2 | Maßnahmen (https://www.bundesgesundheitsministerium.de/coronavirus/chronik-coronavirus.html).

Folgen der COVID-19-Pandemie für grenzüberschreitende Mobilität und Tourismus in Deutschland – Wikipedia (https://de.wikipedia.org/wiki/Folgen_der_COVID-19-Pandemie_f%C3%BCr_grenz%C3%BCberschreitende_Mobilit%C3%A4t_und_Tourismus_in_Deutschland).

Aktuelle Reisewarnungen – Auswärtiges Amt (https://www.auswaertiges-amt.de/de/ReiseUndSicherheit/10.2.8Reisewarnungen).

COVID-19 Public Health Emergency of International Concern (PHEIC) Global research and innovation forum (https://www.who.int/publications/m/item/covid-19-public-health-emergency-of-international-concern-(pheic)-global-research-and-innovation-forum).

Bildergalerie: Los Angeles: Das Museum des Scheiterns – Bild 2 von 13 – FAZ (https://www.faz.net/aktuell/gesellschaft/los-angeles-das-museum-des-scheiterns-15342125/wer-bei-colgate-an-15342128.html).

COVID-19 Protect | Reiseversicherung für Privatkunden (https://www.urv.de/content/privatkunden/reiseversicherungen/covid-schutz/).

Reisepartner | Reiseversicherung für Privatkunden (https://www.urv.de/content/privatkunden/service/reisepartner/).

S-Reiseschutz (https://s-reiseschutz.de/).

DADORA Marktforschung mit Künstlicher Intelligenz und Big Data (https://dadora.eu/de/).

„Kuscheldecke und Kakao" – wie Unternehmen eine gute Mischung aus Digitalisierung und persönlicher Ansprache im Kundenservice finden können

Rebecca Hartung

Friedrich der II. von Hohenstaufen zeigte einst sehr eindrücklich die Kraft der menschlichen Bindung an einem umstrittenen Experiment. Er ließ Neugeborene von ihren Eltern entfernen und durch Ammen aufziehen. Die ausgewählten Ammen sollten die Säuglinge säugen und hygienisch versorgen, jedoch durften sie mit ihnen in keinerlei soziale Interaktion treten. Laut Übermittlung verstarben alle Kinder (Eberhard Horst, 1975).

Wie das „Experiment" zeigt, ist soziale Interaktion wesentlich. Insbesondere in den letzten Jahrzehnten wurden die positiven Effekte von sozialer Interaktion durch viele weitere Studien belegt. Schaut man sich die Kundenkommentare in den NPS-Befragungen von Versicherungsunternehmen an, zeigen sie eindeutig: Kunden wünschen sich mehr persönliche, individuelle und zugewandte Kommunikation.

Dem gegenüber steht, wenn auch nicht immer konträr, die Digitalisierung und Automatisierung im Kundenservice. Bereits vor der Pandemie kam kein Versicherungsunternehmen, getrieben durch ein geändertes Kundenbedürfnis, an diesen Themen vorbei. Es steht jedoch außer Frage, dass in den letzten Jahren in punkto Umsetzungsgeschwindigkeit bei digitalen Prozessen viel passiert ist.

Das Phänomen des geänderten Kundenverhaltens lässt sich in fast allen Bereichen des täglichen Lebens finden. So wundert es nicht, dass es auch im Geschäftsbereich der Finanzdienstleistungen seit Jahren ein übergreifendes Thema ist. Ob Banken oder Versicherungen, jeder Teil dieser Branche spürt, dass der Kunde Dienstleistungen individueller und schneller in Anspruch nehmen möchte. Auch Qualitäts- und Preisbewusstsein haben sich in den Ansprüchen der Kunden manifestiert.

Die Interaktionskanäle der Versicherungsunternehmen müssen die steigende Mobilität der Kunden in all ihren Wertschöpfungsketten widerspiegeln. Der Wunsch nach Individualisierung spiegelt sich vor allem in der Produktentwicklung, aber auch im Kundenservice wieder. Produkte und die inbegriffenen Dienstleistungen, die der Kunde nachfragt, müssen nach Möglichkeit personalisierbar sein und sich der jeweiligen Lebenssituation des Kunden anpassen (Matouschek & von Hülen, 2015).

Für die neu heranwachsende Kundengeneration ist der Umgang mit digitaler Technologie ein selbstverständlicher Teil ihres Alltags.

Massive Einflussfaktoren entbrannten diesen Wettbewerb schon vor Jahren. Bislang durften sich die Marktteilnehmer „nur" mit den gesunkenen Zinsen für ihre Kapitalanlagen, den neuen EU-Richtlinien, Solvency II und dem Talentwar beschäftigen.

Die Branche, die über ein ganzes Jahrhundert stabil in ihren Prozessen, Geschäftsmodellen und Unternehmenskulturen bleiben durfte, kommt einfach nicht mehr um den stetigen Wandel herum.

Die neusten Gegenspieler sind nun die Folgen der Pandemie, der Klimawandel und damit die Forderung nach Nachhaltigkeit, die gestiegenen Energiepreise und die hohe Inflation. Diese Veränderungen treffen Versicherungsunternehmen ebenso, wie deren Kunden. In den nächsten Jahren werden sich Kunden noch mehr als bisher überlegen, wem sie vertrauen und damit ihr Geld anvertrauen.

Eine große Studie der Tat Consultancy Service (TCS) und des Digitalverband Bitkom Research zeigt die Reaktion auf diese Einflussströme. Rund 75 Prozent der deutschen Unternehmen stecken wegen der Krise mehr Geld in die Digitalisierung und keines der befragten Unternehmen lehnt diese Zukunftsaussicht ab.

Zur Steigerung der Kundenzufriedenheit mit dem gleichzeitigen Blick auf die Kosten setzen Unternehmen hauptsächlich auf die Verkürzung der Durchlaufzeiten von Kundenanfragen durch Automatisierungslösungen und die Nutzung von künstlicher Intelligenz.

Wenn fast alle Unternehmen die Digitalisierung nutzen, um mit den geänderten Kunden- und Marktbedingungen umgehen zu können, welche Möglichkeiten bestehen dann, sich mit einem Alleinstellungsmerkmal positionieren zu können? Anderes ausgedrückt: Wann haben digitalisierte Prozesse ihren Grenznutzen erreicht? Hierfür lohnt es sich nochmal, einen Blick auf den Kunden als soziales Wesen zu wagen.

Andre Wilkens hat in seinem Werk „Analog ist das neue Bio" zahlreiche Beispiele für neu aufgelegte Geschäftsideen gesammelt, in denen die Wege wieder in den analogen Austausch mit Verbrauchern führen. So eröffnen in Berlin neuerdings wieder Videotheken als Begegnungsstätte des sozialen Austausches, die bereits in den ersten Monaten eine gute Gewinnbilanz aufweisen können und das in Zeiten, in denen das on demandAngebot so vielseitig verfügbar ist, wie nie zuvor.

Kai Stübane, Head of Sales von SAP besinnt sich in einem LinkedIn-Artikel auf das passende Instrument:

„Aber vernachlässigen Sie auch nicht das gute alte Telefon, das in den ersten Monaten der Pandemie zu einem der wichtigsten Kontaktpunkte avanciert ist. Denn immer, wenn Kunden unsicher, ängstlich und verwirrt sind, ziehen sie es meist vor, mit einem echten Menschen zu sprechen, und hier kann der persönliche Kundenservice einen echten Unterschied ausmachen".

Ein kurzer Blick in den operativen Alltag einer Leistungsabteilung soll diese These untermauern. Ein Kunde knickt auf einer Treppenstufe in einem Hotel um. Bei dem anschließenden Besuch einer Notaufnahme wird ein zweifacher Bänderriss diagnostiziert. Gemäß den meisten Arbeitsanweisungen der Unfallschadenabteilungen der bekannten Versicherungsunternehmen handelt es sich um eine Bagatellverletzung.

Der Kunde meldet den Schaden nun über ein Onlineportal. Daraufhin erhält er, aufgrund der geringfügigen Aussichten einen standardisierten Brief, in dem er darüber aufgeklärt wird, dass momentan keine Leistungen fällig seien und er bitte die Fristen zur Meldung der möglichen weiteren Leistungsansprüche im Blick halten sollte.

Kein digitaler Customer relationship management-Prozess kann hier die Gesamtsituation des Kunden im Blick haben. Möglicherweise lohnt sich dieser Blick aber, um herauszufinden, in welcher schwierigen Situation sich der Kunde trotz leichter Verletzung nun befindet.

Dieser Kunde ist vielleicht Geschäftsführer einer Firma, die zusätzlich bei diesem Versicherungsunternehmen versichert ist. Durch seine Verletzung ist die Aufrechterhaltung des Geschäftbetriebs vielleicht problematisch. Oder er sieht sich einem massiven Betreuungsproblem mit seinen Kindern ausgesetzt, da die Fahrt zur Kita nun nicht mehr durch ihn getätigt werden kann.

Möglicherweise hätte in dieser Situation ein Sidestep aus dem digitalen Prozess hin zum persönlichen Telefonat diesen Kontext sichtbar gemacht und so auch gleich als Kundenbindungsinstrument gedient. Verbunden mit der Hoffnung, dass die nächste Prämienerhöhung oder die Werbung des Mitbewerbers nicht direkt zur Wechselbereitschaft führt.

Gute Kundenerlebnisse sollten immer im Mittelpunkt des Kundenservice stehen. Die Unternehmensbereiche, die im direkten Kontakt zum Kunden stehen, werden auch in den nächsten Jahren an Bedeutung gewinnen.

Aus einer Studie von Salesforce aus dem Jahr 2022 gingen einige spannende Ansätze hervor. Diese Studie hatte zum Ziel herauszufinden, mit welchen Ansatz die Unternehmen ihre Servicebereiche an die neuen digitalen Gegebenheiten anpassen, wie sie in Zukunft Mitarbeiterskills, Prozesse und Technologien gut aufstellen und wie sie die Personalentwicklung auf dem so hart umkämpften Arbeitsmarkt verfolgen wollen.

1 Die vier wichtigsten Ergebnisse der Studie: Servicemitarbeiter müssen die gesamte Customer Journey kennen

Für Versicherungsunternehmen muss dies heißen, bei der Meldung eines KFZ-Unfalles auch bereits beim Erstkontakt zu wissen, ob der Kunde auch eine Unfallversicherung hat oder bei einer Adressänderung ggf. den Bedarf zu einer Anpassung des Hausratvertrages zu erfragen. Nachfolgende Prozesse sollten nicht im Einzelnen vom Kunden angestoßen werden müssen. Dieses Wissen um den Nutzen einer guten Customer Journey ist nicht neu. Dennoch geben 60 % der Kunden an, dass bei ihnen das Gefühl entstand, mit vielen Abteilungen und nicht nur mit einem Unternehmen sprechen zu müssen. Selbst bei einem Versicherungsunternehmen können sich die Standards im Umgang mit den Kundenwünschen unterscheiden wie Tag und Nacht. 66 % der Kunden mussten nach ihren Angaben, Informationen häufig wiederholen oder verschiedenen Vertretern diese erneut erläutern.

Zu der Frage nach den gewünschten Eingangskanälen äußerten sich 59 % der Kunden, Self-Service-Tools zu bevorzugen, um einfache Fragen bzw. Probleme zu lösen. Bei komplexen Dienstleistungen ist das Telefon immer noch am wichtigsten. 81 % der Servicefachleute geben an, dass das Telefon der bevorzugte Kanal für komplexe Probleme ist – im Jahr 2020 waren es 76 %.

2 Eine neue digitale Norm etablieren und damit Schnelligkeit fördern

Dahinter verbirgt sich die Handlungsempfehlung, neue digitale Tools auch für den Kunden nutzbar zu machen und zur Norm werden zu lassen. Video-Supports haben seit 2020 eine um 47 % gestiegene Akzeptanz. Kunden ist neben der schnellen Klärung ihrer Anliegen auch ein einfühlsamer vernetzter Service, in dem ihre Probleme schnell behoben werden, wichtig, dies kann mit dem persönlichen Gespräch per Video absolut bereichert werden.

3 Nie den persönlichen vor Ort Kontakt vergessen

86 % der Entscheider in Unternehmen geben an, dass ihre Vor-Ort-Repräsentanten entscheidend für den Erfolg von Geschäftsbeziehungen sind. Daher ist es nicht verwunderlich, dass der Außendienstmitarbeiter bei den meisten Versicherungsunternehmen immer noch eine zentrale Rolle spielt, ganz im Gegenteil zu den Prognosen. Kunden schätzen vor allem die hohe Fach- und Entscheidungskompetenz der Mitarbeiter vor Ort. Ein Rückblick auf das Hochwasserereignis im Ahrthal aus dem letzten Jahr zeigt die Bedeutung dieser Art des Kundenservice deutlich auf. Undenkbar, hier keinen betreuenden Außendienstmitarbeiter oder fachkundigen Regulierungsbeauftragten vor Ort gehabt zu haben. Schaut man sich die Personalplanung der nächsten Jahre an, so ist es nicht verwunderlich, dass hier trotz Kostendruck ein Anbau in den meisten Versicherungsunternehmen geplant ist.

Genau diese hohe Fachkompetenz der Mitarbeiter wird zum Unternehmensvorteil. Mitarbeiter mit diesen guten Fachkompetenzen können sich bereits heute aussuchen, bei wem, wie und wo sie ihre Fähigkeiten einbringen wollen. Im Durchschnitt liegt die Fluktuation in diesen Servicebereichen bei 19 %. Aus diesem Grund haben Dienstleistungsunternehmen seit dem Ausbruch der Pandemie eine Vielzahl von Initiativen zur Verbesserung der Mitarbeiterzufriedenheit ergriffen. Die Unternehmen begegnen dieser Entwicklung mit der Konzentration auf Weiterbildungen, guter Vergütung und einem hohen Angebot an Work-Life-Balance. Ziel dieser Rahmenbedingung soll es sein, Mitarbeiter mit guter fachlicher Expertise zu halten, um dem Kunden auch weiterhin einen hohen Standard im Kundenservice bzw. ein außergewöhnliches Kundenerlebnis bieten zu können. 85 % der Agenten bestätigen, dass sie einen klaren Weg für ihre berufliche Entwicklung haben – gegenüber 67 % im Jahr 2020 und 59 % im Jahr 2018. 85 % der Entscheidungsträger sind sich einig, dass ein direkter Zusammenhang zwischen Mitarbeitererfahrung und guter Kundenerfahrung besteht.

4 Kundenerwartungen müssen übertroffen werden

Weitere Ergebnisse der Studie zeigen auf, dass 48 % der Kunden die Marke gewechselt haben, weil sie bei der Konkurrenz einen besseren Kundenservice vorfanden. Im Jahr 2020 waren es bereits 80 % der Kunden, die angaben, dass ein gutes Kundenerlebnis ihnen ebenso wichtig ist, wie die Produkte und die Dienstleistungen der Unternehmen. In der Befragung aus diesem Jahr waren es bereits 88 % der Kunden, die sich eindeutig zu dieser Thematik äußerten.

Eine besondere Loyalität dürfen Unternehmen dann erwarten, wenn Erwartungen übertroffen und Leistungen schneller bereitgestellt werden, als sie von Kunden benötigt werden.

94 % der befragten Kunden gaben an, nach einem guten Kundenerlebnis weitere Produkte bzw. Dienstleistungen kaufen zu wollen.

Was heißt das für einen Kundenservice in einem Versicherungsunternehmen? Selfservice, um eine Adresse zu ändern, automatischer Policenversand nach einem online-Abschluss bei einer Haftpflicht, Chatpods, um kurz zu fragen, wie hoch der Versicherungsbeitrag für das aktuelle Jahr beträgt, trifft alles auf die große Zustimmung bei Kunden. Vor allem, wenn es durch die digitale Lösung besonders schnell geht. In komplexen oder auch emotionalen Situationen brauchen Kunden einen persönlichen Ansprechpartner, um individuelle Zuwendung zu erhalten. In unsicheren emotionalen Zeiten brauchen Menschen eben menschliche Zuwendung.

Gerade in solchen Situationen brauchen Menschen einen Kundenservice, der sich wie eine gemütliche Kuscheldecke und ein Kakao anfühlt, eben das gute Gefühl, sich sicher und gut aufgehoben zu fühlen. Warum sollten sich dies Mitarbeiter von Versicherungsunternehmen für ihre Kunden wünschen? Würde man noch Agilität, Digitalisierung und veränderte Marktbedingungen dazufügen, ergäbe es mit Sicherheit eine gute Folie für das Topmanagement in einer Strategietagung. Schaut man jedoch auf die eigenen Erfahrungen und Bedürfnisse, so scheint es nur die triviale Antwort zu geben, es ist der Wunsch, den jeder selbst als Kunde eines Unternehmens kennt, einfach sich gut aufgehoben zu fühlen.

Das dritte Standbein in der digitalen Beziehung mit Kund:innen: Wallet-Pässe als Engagement-Tool

Axel Eppenstein/Anna Bojic

1 Veränderungen als Chancen wahrnehmen

Die Kund:innen im Zeitalter der Digitalisierung haben deutlich gestiegene Anforderungen, insbesondere erwarten sie einen höheren Komfort und deutlich mehr an Service. Analoge Kommunikationswege passen nicht recht in eine Zeit, in der gilt „in einem Brief steckt vermutlich eine Rechnung“. Die Covid-Pandemie verstärkt einen Trend, dessen Existenz und Herausforderung Konsens ist. Einer ihrem Auftrag nach risikoaversen Branche mangelt es dabei nicht an Problembewusstsein.

In diesem Artikel werben wir dafür, diese Veränderungen aus einem explizit unternehmerischen, die Chancen betonenden Blickwinkel zu sehen: Eine neue Generation an Nutzer:innen, die neue Offenheit von Kund:innen gegenüber digitalen Kommunikationswegen und digitaler Serviceerbringung sind für die Branche und alle Beteiligten in erster Linie eine gigantische Chance.

Erst der Perspektivwechsel auf die Chancen smarter, authentischer digitaler Kommunikation offenbart, welche wirtschaftlichen Mehrwerte sich der Versicherungsindustrie derzeit eröffnen. Wird digitale Transformation lernend und ergebnisoffen angegangen, verbindet sie klassische Versicherer mit der modernen Lebenswirklichkeit – und leistet dann einen zentralen Beitrag zur Kundenbindung.

2 Wir wissen bereits, wie Kommunikation funktioniert

Bestehende Strukturen aus Berater:innen, Agenturinhaber:innen und Makler:innen haben über Jahrzehnte herausgearbeitet, welcher Stil von Kommunikation, welche Inhalte und Bedürfnisse zur Kundenbindung relevant sind. Die Beratung auf die individuelle Lebenssituation, geprägt von Empathie, Ansprechbarkeit im richtigen Moment verband die Industrie in einer analogen Welt verlässlich mit ihrer Kundschaft.

Beziehungsrelevante Kommunikation richtet sich an Grundbedürfnisse des Menschen. Und daran sollte die Transformation hin zu neuen Kommunikationskanälen auch nichts ändern, im Gegenteil. Innovation im Bewusstsein dieser Bedürfnisse denkt an:

1. *Sicherheit* – Im Schadenfall bin ich abgesichert
2. *Vertrauen* – Im Alltag weiß ich, dass diese Absicherung besteht
3. *Interaktion* – Ich kann jederzeit ausdrücken, wenn ich ein Bedürfnis habe
4. *Timing* – Mein Partner ist dann da, wenn ich ihn brauche
5. *Relevanz* – Ich werde verschont von Dingen, die ich nicht brauche

Erfolgreich entlang solcher Werte betriebene Kundenbeziehungen sind wirtschaftlich hoch relevant. Bestmöglich versicherte, gehörte und zufriedene Kund:innen bleiben länger, erwerben mehr und zusätzliche Leistungen.

Mit relevantem Präventionscontent versorgte Kund:innen senken die Schadenquote und beziehen diesen Service in den Mehrwert ihrer Versicherung ein. Und für diejenigen Idealisten unter uns, deren Motivation explizit durch Sinn gesteigert wird: Gelingt beziehungsrelevante Kommunikation, so beantwortet Versicherung auf noch umfassendere Weise das Grundbedürfnis, auf welches sie als Leistung einzahlen will: Sie erhöht die tatsächliche Sicherheit ihrer Kund:innen – innerhalb und außerhalb des Schadenfalls.

3 Smartifizierung

Beziehungsrelevante Kommunikation kann ein Brief im Schadenfall nicht leisten. Dafür war er auch nie ausgelegt. Mithin ist er aber der einzige Kontaktpunkt in der Interaktion mit einem/einer Versicherten, der nicht oder nicht mehr von traditionellen Strukturen betreut wird.

Transformation, die echte Mehrwerte schaffen soll, muss somit ihren Blick weiten. Analoge Prozesse, die nur rein transaktional wirken, müssen und können ohne Zweifel digital abgebildet werden, dies sind dann aber elektronisch abgebildete Prozesse aber keine wirklichen digitalen Prozesse. Sie genügen somit allerdings nicht als Blaupause, um ein Unternehmen langfristig erfolgreich zu machen. Wer Ansätze im Transformationsprozess radikal, tiefer und neu denkt, wird weitaus mehr bewegen – eine echte Business-Transformation.

Zum Neudenken gehört die Einsicht, dass Wissen und Planbarkeit begrenzt sind und im Prozess geschärft und gewonnen werden müssen. Wissensquelle sind die Kund:innen, auf deren Bedürfnisse sich eine Lösung schrittweise zubewegt.

4 Start-ups und Scale-ups sind ein zentraler Partner

Ein smarter Transformationsprozess ist damit zwingend ein agiler Prozess. Er ist lernend, kontrolliert mutig, und versucht nicht, von Plastikkarten zu PDF-Dateien zu gelangen. Dieser Denkansatz findet auf Messen, in Impulsvorträgen, in strategischen Runden und bei Vorständen meist volle Zustimmung. Er ist jedoch weit davon entfernt, gelebte Praxis in Konzernstrukturen zu sein.

Insofern geht es nicht um Digitalisierung im klassischen Sinn, sondern um Smartifizierung, also die kundenzentrierte, lernende Business-Transformation, die explizit einen Partner benötigt, der außerhalb der Konzernwelt steht und denkt.

Start-ups tragen diese Agilität und Produktentwicklung in ihrer DNA, schon aus wirtschaftlichen, und ganz im Sinne der Versicherungsindustrie, auch risikovermeidenden Überlegungen. Auf Jahre im Voraus zu planen, Blaupausen und „Briefings“ zu suchen, ist eine Scheinsicherheit. Sie birgt das größtmögliche Risiko für ein junges Unternehmen. Es würde hellseherische Fähigkeiten benötigen, die Akzeptanz und Wirksamkeit aller geplanten Maßnahmen und Funktionalitäten bereits im Voraus zu kennen. Die Gefahr, unterwegs falsch abzubiegen, wiegt für ein Start-up faktisch immer schwerer als das Ungemach, Konzernstrukturen mit Agilität zu irritieren. Und so injiziert die Kooperation mit einem Start-up, wenn sie auf Augenhöhe stattfindet, immer auch die agilen Arbeitsmethoden und einen unternehmerischen, die in den Veränderungen liegenden Chancen betonenden Blickwinkel.

5 Wissen bündeln

Ein Produkt kann nur dann dauerhaft am Markt erfolgreich sein, wenn es zur Lösung wirtschaftlich relevanter Probleme für eine Vielzahl an Auftraggebern beiträgt. Die inhaltlichen Problemstellungen, mit denen sich ein im Versicherungsmarkt aktives Start- oder Scale-up beschäftigt, bewegen sich damit meist im Feld der Abbildung digitaler Prozesse oder der wertschöpfenden Kommunikation. Im Idealfall begegnet eine Lösung beiden Problemen und erzeugt Chancen in der Kundenbindung, im Vertrieb und der Einsparung von Kosten. Die Expertise der Versicherungsindustrie über die eigene Kundengruppe, Kennzahlen und Brüche in der Kundenkommunikation ist eine zentrale, unersetzliche Wissensquelle.

Nicht zufällig hat sich parallel zu den Digitalisierungsambitionen und veränderten Kundenbedürfnissen in den vergangenen 10 Jahren in der Versicherungsindustrie eine Gruppe an spezialisierten SaaS-Unternehmen, Start-ups, Scale-ups entwickelt, die die Erkenntnisse aus eben diesen Wissensquellen marktübergreifend konsolidiert. Viele Lösungen sind bereits entwickelt und erprobt und stehen dem Markt der Versicherer zur Verfügung. Auch und dank der First Mover wie der R+V, die sich weniger als Auftraggeber denn als Impulsgeber verstehen und auch für die erste, fast sicher nicht perfekte Phase das richtige Pilotsetting schaffen. Solche First Mover profitieren in besonderem Maße davon, einen Trend mit Blick auf das eigene Ökosystem konkret mitzugestalten. Der gemeinsam entstehende Lösungsraum vereint in Tiefe und Umfang die Vorteile von „Make“, dabei insbesondere die hohe Passung auf die eigenen Prozesse und Kundenwünsche, und „Buy“, namentlich die Kosten- und Risikominimierung bei schneller Verfügbarkeit von Ressourcen. Nicht zuletzt bietet Co-Innovation in frühen Phasen die Chance, selbst große Konzerne intern auf folgende Transformationen vorzubereiten, indem sie gelebt und mit realen Beispielen im Unternehmensalltag verankert wird. Das bedeutet im Umkehrschluss nicht, dass eine Kooperation mit einem produktgetriebenen Start- oder Scale-up ein Experiment darstellen muss. Ganz im Gegenteil entfallen für alle nachfolgenden Versicherer viele Risiken, die eine „Make“-Entscheidung mit sich bringt. Sie profitieren davon, sich Spezialwissen zu einer Lösung nicht mühevoll selbst zu erarbeiten und dabei doch nur ein technisches Abbild bestehender Prozesse zu finden.

Das InsurLab Germany und andere Acceleratoren fördern beide Szenarien, indem sie sowohl das richtige Ökosystem für Pilot-Situationen schaffen als auch das Zutrauen in die Lösung von Scale-ups fördern. Geteilte Success Stories schaffen eine Vertrauensgrundlage und Transparenz für weitere Versicherer. Mentoring und Sparring durch Versicherer, die an das Potenzial einer Lösung glauben, finden in einem geschützten Raum statt, in dem die Denkweise und Agilität von Start-ups in Konzernen wirken kann.

Die seit 2020 bestehende Kooperation der R+V und Miss Moneypenny Technologies ist ein solches Beispiel dafür, welche Erfolgsfaktoren in der Zusammenarbeit von Start-up und Konzern wirken können.

6 Mobile Wallet als Engagement-Tool

„Und wieder stehe ich im alltäglichen Stau im Berufsverkehr. Stoßstange an Stoßstange. Bumms. Es ist passiert, ich habe zu spät gebremst. Nur ein leichter Blechschaden bei meinem Vordermann. Gott sei Dank. Aber nun kommen wieder die ganzen formalen Dinge. Daten austauschen, Versicherung informieren, ... Wo hab ich grad einen Zettel und Stift. Ach, ich muss doch irgendwo diese Karte meiner Versicherung haben ...“

Eine Situation, wie sie leider immer wieder vorkommt. Nicht jeden Tag bei denselben Fahrern, aber täglich dutzende Male. Die physische Schaden-ServiceCard ist auch heute im Zeitalter der Digitalisierung alltäglich. Muss das so sein? Nein. Es gibt zeitgemäße, smarte Lösungen.

Das Transformationsmanagement der R+V erkannte 2020 im Pitch der Miss Moneypenny Technologies, dass der digitale Fuß in der Tür der Kund:innen eine Chance für nahezu jedes Versicherungsprodukt darstellt. Einerseits, um einen smarten, digitalen Zwilling der Versicherung zu schaffen. Andererseits, um eine Kommunikationsdrehscheibe außerhalb von Schadenfällen zu etablieren.

Die Lösungen von Miss Moneypenny Technologies setzen auf mobile Wallet als Medium und bauen dieses als Micro-Applikation aus.

Wallet Pässe können nativ, das bedeutet ohne Download einer eigenen App, auf iOS- und Android-Smartphones genutzt werden. Vor dem Markteintritt in die Versicherungsbranche hat Miss Moneypenny Technologies beispielsweise Automobilhersteller dabei unterstützt, Kundenbeziehungen zu pflegen, Vertriebserfolge zu konvertieren und Service-Prozesse kosteneffizienter abzubilden.

Die SaaS-Produkte von Miss Moneypenny Technologies erlauben es heute ohne großen IT-Aufwand Wallet Pässe nach Best Practices zu gestalten, an Bestandssysteme anzubinden und an Endkunden auszugeben. Wallet Studio, das Kernprodukt von Miss Moneypenny Technologies, beinhaltet eine Vielzahl an „Solutions", die auf konkrete Anwendungsfälle und Versicherungsprodukte hin entwickelt sind.

Die maßgeblich aus der Kooperation hervorgegangene, globale Solution digitale Kfz-Versichertenkarte enthält stets aktuelle Daten zum Vertrag und Zugang zu Portalen. Sie ist darauf ausgelegt, prozessual die analoge Versichertenkarte abzulösen und das Nutzerleben im Kerngeschäft aufzuwerten, etwa beim integrierten Austausch von Daten im Schadenfall. Nutzer:innen können bei einem eventuellen Unfall ihrem Unfallbeteiligten eine Schaden-ServiceCard digital weiterreichen, indem der Unfallgegner den QR-Code mit seinem Smartphone fotografiert und somit eine digitale Schaden-ServiceCard für sein Wallet erhält.

Die *digitale Kfz-Versichertenkarte* tritt jedoch nicht erst beim Schadenfall oder bei rein administrativen Prozessen mit den Nutzer:innen in Interaktion. Diese erhalten auch unterjährig für sie relevante, personalisierte Informationen per Push-Mitteilung.

Kommunikativ verfügt die *digitale Kfz-Versichertenkarte* auch über Wetterwarnungen für die eigene Region und einen Rückkanal zum Versicherer für Feedback oder Vertragsänderungen.

Mitarbeiter:innen des Versicherers können weitere Service- und vertriebliche Inhalte nach Zielgruppe und mit individuellen Parametern ausspielen. So wird aus dem Wallet Pass ein interaktives, sprechendes, zielgruppenorientiertes Medium. Solche Micro-Applikationen werden zukünftig neben Apps und Kundenportal das dritte Standbein in der digitalen Beziehung mit Kund:innen sein, sie sprechen überdies auch einen Nutzerkreis an, der sich nach Standardisierung sehnt, der gern unterschiedliche Services in immer demselben zuverlässigen Muster angeboten bekommen möchte.

7 Standardisierung als SaaS-Produkt durch Kooperation

Die Entwicklung der Produkte von Miss Moneypenny Technologies von einer breit aufgestellten, komplex zu bedienenden Low-Code-Lösung hin zu spezifischen und für das jeweilige Versicherungsprodukt relevanten Modulen stammt in besonderem Maße aus dem gemeinsam erarbeiteten Wissen im InsurLab-Mentoring (Miss Moneypenny Technologies und R+V).

Für eine Vielzahl von Versicherungsprodukten stehen im Produkt von Miss Moneypenny Technologies mittlerweile Solutions zur Verfügung, die beziehungsorientierte Kommunikation und Prozesse abbilden, ohne technische Möglichkeitenräume stets neu zu denken. Eine Spezifität, die eine Tierkrankenversicherung mit Contentversorgung für Hunde und Katzen von einer digitalen Visitenkarte mit Adressbuch-Integration abgrenzt und sofort nutzbar macht, benötigt Spezialwissen, und dieses beim Lösungsanbieter zu konsolidieren, ist eine Win-Win-Situation.

Das heutige Projektgeschäft kann entsprechend auf agenturische „Briefings" und lange Planungsphasen verzichten. Die Differenzierung liegt in der Ausgestaltung der eigenen Services, dem eigenen Ökosystem. Die Technologie entsteht gemeinsam mit der Industrie und Versicherer, wie die R+V, glauben daran, den Aufbau robust aufgestellter Start-ups zu fördern.

8 Auch die beste Kooperation benötigt greifbare Ergebnisse

Lernende Kooperation ist auf stetigen Eingang von Daten, Zahlen und Fakten angewiesen, um in der kommenden Iteration die richtigen Entscheidungen zu treffen. Das gilt ebenso für die Frage, ob das Business-Problem ausbleibender Kommunikation im gewünschten Maß gelöst wird.

Ein digitales Medium, wie mobile Wallet-Pässe, bietet grundsätzlich beste Voraussetzungen, um Erfolge und Annahme durch die Nutzergruppe messbar zu machen.

Performance-Messungen von Miss Moneypenny Technologies während Pilot und Rollout zeigen, wie die Lösung als digitaler Begleiter auf persönlichen Geräten dient. Sie wird angenommen (Conversion) und wird über lange Zeiträume genutzt (Retention), ganz explizit auch dann, wenn beziehungsrelevante, individuelle Kommunikation ausgespielt wird.

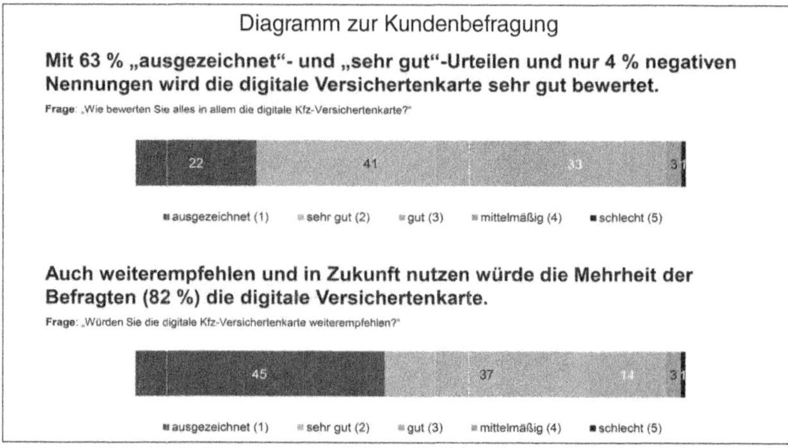

Quelle: Online-Befragung im Januar 2022 durch Nordlight Research im Auftrag der R+V Versicherung – n = 364 R+V-Kunden

Die parallel betriebene Marktforschung der R+V zur Kfz-Versichertenkarte bestätigt über alle Geschlechter und Altersgruppen hinweg, dass diese Performance konsistent ist. Hohe Bewertungen in den Bereichen Gesamtzufriedenheit, Weiterempfehlung und Nutzungsabsicht sowohl im Schadenfall als auch unterjährig zeigen, dass ein kommunizierendes, niedrigschwelliges Medium in der Breite der Versicherten ankommt. Neben Apps und Kundenportalen, die wir enablen und anbinden, findet die Industrie hier tatsächlich ihr drittes Standbein in einer digitalen Welt.

Der Artikel für diese Publikation wurde von Axel Eppenstein, Transformationmanager Digitalisierung und Innovationmanager der R+V Versicherungen, und Anna Bojić, Gründerin und CPO der Miss Moneypenny Technologies, im Rahmen ihrer jahrelangen, besonders erfolgreichen Kooperation verfasst. Anna Bojić wurde tatkräftig von ihrem hochgeschätzten Kollegen Marius Pietsch unterstützt.

Embedded Insurance – Annex-Vertrieb 2.0

Maria-Helena Hansen

Die Digitalisierung revolutioniert den Versicherungsvertrieb auf unterschiedlichen Ebenen grundlegend. So erlauben nun Big Data und skalierbare Schnittstellenlösungen eine Weiterentwicklung des klassischen Annex-Vertriebs hin zu einer umfassenden Integration von Versicherungslösungen in die Wertschöpfungskette von Wirtschaftsunternehmen und damit in die Erlebniswelt des Kunden. Dieser Buchbeitrag befasst sich mit den Grundlagen und Voraussetzungen sowie den Chancen und Herausforderungen vom Embedded Insurance.

Annex Vertrieb – Huckepack zum Abschluss

Versicherungen sind sog. Low-Interest-Produkte und werden in der Regel verkauft und nicht gekauft. Im Rahmen des Versicherungsvertriebes hat sich neben den Vertriebswegen, welche aktiv und vordergründig das Versicherungsprodukt vertreiben auch ein „passiver" Vertriebsweg etabliert – der Annex-Vertrieb oder auch „Huckepack-Vertrieb" genannt. Beim klassischen Annex-Vertrieb handelt es sich um einen Abschluss eines Versicherungsproduktes als Nebenprodukt zu dem Erwerb eines materiellen Produktes oder einer Dienstleistung. Im Vordergrund steht für den Kunden der Kauf eines Nicht-Versicherungs-Produktes (oder einer Nicht-Versicherungs-Dienstleistung). Klassische Beispiele sind der Abschluss einer Kraftfahrzeug-Haftpflicht-Versicherung beim Kauf eines Kraftfahrzeugs oder einer Reiserücktrittversicherung bei der Buchung einer Urlaubsreise.

Verlagerung des Point of Sale

Die Digitalisierung hat den Vertrieb von Dienstleistungen, materiellen Gütern und Finanzdienstleistungen revolutioniert und den Point of Sale vom „Tante-Emma-Laden" hin ins World Wide Web verlegt. Dank eCommerce sind Konsumenten in der Lage zu jeder Zeit und von jedem Ort aus schnell und mit wenigen Klicks online Waren zu bestellen oder Dienstleistungen anzufordern. Ein Gang z.B. in den Buchladen oder das Warten auf das Öffnen eines Kaufhauses sind nicht mehr erforderlich. Onlineshops und -dienste dominieren hierbei das Marktgeschehen. Diese Entwicklung hat durch die Corona-Pandemie nochmals einen Schub erhalten. So sind die eCommerce-Umsätze aufgrund der Pandemie weltweit um fast 20 % gestiegen. Und es ist nicht davon auszugehen, dass sich die Zahlen hier rückläufig entwickeln werden. Vielmehr geht man von einem nachhaltigen Trend hin zum eCommerce aus.[1] In diesem Zusammenhang haben auch sog. digitale Ökosysteme, wie beispielsweise Amazon, Apple oder eBay, immens an Bedeutung gewonnen. Hierbei handelt es sich um Online-Plattformen, über welche vielfältige Bedürfnisse von Konsumenten ganzheitlich befriedigt werden können. Dies gelingt durch die Integration bzw. Kooperation unterschiedlicher Akteure und Anbieter innerhalb dieser Plattform.[2] So kann über das digitale Ökosystem das durch den Konsumenten eigentlich nachgefragte Produkt mit wenigen Klicks um Zusatzprodukte oder -leistungen sinnvoll ergänzt werden. Ein Beispiel wäre hier der Kauf eines Smartphones (Kernleistung), der zugehörigen Handy-Hülle (Zusatz-Produkt) und der Handyversicherung (Zusatz-Produkt) – alles mit nur wenigen Klicks. Digitale Ökosysteme bieten damit vielfältige und zahlreiche Cross- und Up-Selling-Potenziale.

Embedded Insurance – Digitalisierung des Huckepack-Vertriebes

Auch bei Embedded Insurance steht das Versicherungsprodukt im Hintergrund. Es handelt sich auch hierbei um Versicherungs- und Assistance-Leistungen, welche als Addon zu einem Produktkauf hinzuerworben werden können. Sie stehen im engen Zusammenhang zu dem eigentlichen Kern-Produkt und ergänzen dieses schlüssig oder sichern dieses ab. Der Unterschied zu dem klassischen Annex-Vertrieb liegt hierbei in den zentralen Komponenten Technologie und Daten.

Bei Embedded Insurance – eingebettete Versicherungsprodukte – werden Versicherungsprodukte nahtlos in die digitale Wertschöp-

1 Vgl. https://www.asendia.de/asendia-insights/die-auswirkungen-der-corona-pandemie-auf-den-e-commerce (11.08.2022).
2 Vgl. https://www.iese.fraunhofer.de/de/leistungen/digitale-oekosysteme.html#Was-sind-Digitale-oekosysteme (11.2022).

fungskette von Drittanbietern „eingebettet" mit dem Zwecke der sinnhaften Ergänzung des eigentlichen Product of Interest.[3] Die über die Plattform gewonnenen Daten erlauben es dabei, den Konsumenten noch stärker in den Mittelpunkt zu rücken und seinen Bedarf genauer einzugrenzen. So sind im Zusammenhang mit Embedded Insurance vor allem situative Versicherungslösungen, welche entweder passgenau auf den Bedarf zugeschnitten werden können, oder modulare Produktlösungen, welche flexibel auf den, in der Situation vorherrschenden Bedarf angepasst werden können, gefragt.

Das Versicherungsprodukt ist letztlich Teil eines Produkt-Bündels, welches neben dem Kern-Produkt aus verschiedenen, integrierten Ökosystemleistungen zusammengesetzt ist. Die Potenziale für eine Integration von Versicherungslösungen sind dabei in den Lebensbereichen „Mobilität", „Entertainment", „Living" und „Health" am höchsten.[4] Oftmals steht hier im Zusammenhang neben dem Absicherungsaspekt im Schadenfall der Präventionsgedanke im Vordergrund. So werden beispielsweise Präventionsmaßnahmen durch Versicherer mit Prämienrabatten honoriert oder Versicherer selbst bieten Lösungen zur Prävention an.[5]

Flexibilität als Voraussetzung für den Erfolg

Um erfolgreich Versicherungslösungen in digitale Customer Journeys von Dritten integrieren zu können, braucht man vor allem Flexibilität. Flexibilität in den Prozessen, Daten und Dokumenten, Serviceleistungen, Produkten, Schnittstellen (APIs) und dem IT-Framework.

Die Customer Journeys der Online-Portale von Konsumgüter- und Dienstleistungsanbietern können sich stark unterscheiden. Die **Prozesse** zur Versicherungsleistung müssen sich daher flexibel über alle Phasen – von Pre-Sales über Sales bis hin zu After-Sales – nahtlos in

3 Vgl. https://www.bitkom.org/sites/main/files/2022-02/220209_lf_embedded-insurance-2.pdf (11.2022).

4 Digitale Ökosysteme – Lebensbereiche Kunde: Mobility, Health, Recreation, Work, Consumption, Spirituality, Socialize, Education, Entertainment, Living (Vgl. ecosystemizer, Julian Kawohl I Denis Krechting 2018).

5 Beispiel Kooperation hepster und SMAFO Connect. Siehe https://www.forbes.at/artikel/megatrend-embedded-insurance-diese-vorteile-haben-unternehmen-kunden-und-versicherer.html (11.2022).

die jeweilige digitale Plattform integrieren können. Damit dies gelingen kann, ist ein hohes Maß an Anpassungsfähigkeit erforderlich. So ist beispielsweise auch die Akzeptanz und Verarbeitungsfähigkeit unterschiedlichster Zahlungsmethoden eine Voraussetzung, um hier erfolgreich agieren zu können. Klassisch wird in der Versicherungsbranche das Sepa-Mandat als präferierte Zahlungsmethode herangezogen. Die Konsumenten sind über eCommerce jedoch vielfältige Zahlungsmethoden, wie beispielsweise Paypal, Klarna, Amazon Pay, Apple Pay gewohnt – auch diese müssen dann für die Bezahlung der Versicherungsprämie angeboten werden, um hier keinen Bruch im Prozess zu erzeugen.

Die hohe Anpassbarkeit gilt ebenso für die im Prozess bereitgestellten **Dokumente und Dateien.** Hier werden oftmals sog. White-Label-Lösungen gefordert. Heißt, der Plattform-Anbieter oder Kooperationspartner wünscht, dass die Dokumente nicht im klassischen Corporate Design der Versicherungsgesellschaft gestaltet sind, sondern eher neutral oder sogar im Corporate Design des Anbieters. Alternativ kann auch der Wunsch nach einem sog. Co-Branding bestehen, bei welchem die Logos beider Gesellschaften auf den Dokumenten aufgedruckt werden. Je nach Vorgabe des Kooperationspartners in dem digitalen Ökosystem muss das Dokumentenmanagement des Versicherers in der Lage sein, die Dokumente entsprechend anzupassen. Abhängig vom benötigten Grad der Skalierbarkeit ist hier zwischen dem klassischen differenzierten Satz der Einzeldokumente und einem Dokumentengenerator abzuwägen. Zusätzlich sind hier einfache, kurze und verständliche Formulierungen im Abschluss aber auch in den Bedingungen und Unterlagen für den Abschluss erforderlich. Hier ist ein Spagat zwischen rechtlich notwendigen Inhalten und Kundenfreundlichkeit/Verständlichkeit erforderlich.

Auch die im Zusammenhang mit den Prozessen stehenden **Serviceleistungen** durch den Versicherer müssen auf die jeweilige Abschlussstrecke/digitale Plattform hin ausgerichtet sein. Je nach Zielgruppe ist zum Beispiel eine Fremdsprachen-Kompetenz im Servicecenter erforderlich oder auch andere Servicezeiten.

Für Embedded Insurance benötigt man **Produkte**, welche speziell auf das jeweilige Kernprodukt zugeschnittene Absicherungen anbieten. Dies bedeutet eine hohe Flexibilisierung der klassischen Versicherungslösungen hin zu punktuellen Absicherungen eines eingegrenzten

Bedarfs. Dies lässt sich entweder erreichen über die Ausgestaltung von situativen, exakt zugeschnittenen Kleinstversicherungslösungen oder über modular kombinierbare Versicherungsprodukte. In jedem Fall ist die Produktentwicklung hier gefordert, maßgeschneiderte Lösungen mit einem hohen Maß an Individualisierbarkeit zu entwickeln. Dies erfordert eine Weiterentwicklung des klassischen Produktentwicklungsprozesses hin zu einem agilen und kundenzentrierten Ansatz.

Eine Voraussetzung, um überhaupt an digitalen Ökosystemen teilnehmen zu können, sind umfassende APIs[6] mit hoher Integrationsfähigkeit. Die **Schnittstellen** müssen schnell und skalierbar an die unterschiedlichen Plattformen angebunden und verwaltet werden können. Hierfür ist ein professionelles API-Management erforderlich, welches die vertrieblichen Prozesse End-To-End ganzheitlich betrachtet und unterstützt. Grundsätzlich wäre es für den Markt dabei von Vorteil, wenn die Schnittstellen zu den Kundendaten standardisiert wären. Dies würde zu einer Senkung der Implementierungskosten und -aufwände führen. Um dies zu erreichen, haben sich sog. Open-Insurance-Initiativen wie FRIDA[7] (Free Insurance Data Initiative) zusammengetan. Analog dem Bipro e.V. für Maklerdaten in der Versicherungsbranche setzt sich FRIDA dafür ein, für den Datenaustausch von Kundendaten normierte Schnittstellen und Austauschformate aufzubauen und somit eine direkte Verbindung zwischen Versicherern, Drittanbietern und Kunden über alle Branchen hinweg zu schaffen.[8]

Neben der entsprechenden Schnittstellenfähigkeit wird gleichzeitig ein flexibel und schnell konfigurierbares **IT-Framework** für Abschlussstrecken benötigt, über welches personalisierte und individualisierte Online-Abschlussstrecken generiert werden können. Diese Strecken sind dann individuell ausgestaltbar, sodass sie sich fließend in die Customer Journey des Kooperationspartners einfügen lassen.

Bei aller Flexibilität darf selbstverständlich nicht vergessen werden, die **regulatorischen Anforderungen**, v.a. an **Datenschutz und Datensicherheit** zu erfüllen.

Eine weitere wichtige Voraussetzung neben der notwendigen Flexibilität ist auch die Auswahl passender Kooperationen. **Strategische**

6 APIs = Schnittstellen.
7 Vgl. https://freeinsurancedata.de/en/ (11.2022).
8 Vgl. https://freeinsurancedata.de/en/ (11.2022).

Partnerschaften mit Konsumgüterherstellern, Gesundheits- und Benefits-Dienstleistern, Warenhausketten, Dienstleistungserbringern, Technologieunternehmen und Reiseportalen bieten die Basis für die Integration in digitale Ökosysteme. Hierbei handelt es sich teilweise um – für die Versicherungsbranche – neue Formen von Kooperationen und Zusammenarbeit.

Chancen & Herausforderungen

Digitale Ökosysteme und Embedded Insurance öffnen Versicherern die Tür zu einem neuen Absatzkanal und neuen Kundengruppen. Gleichzeitig werden über Internet of Thing (IoT) neue Versicherungskonzepte möglich, benötigt und nachgefragt. Dies führt zu einer Steigerung der Produktion über die Erschließung neuer Zielgruppen und/oder der Ausweitung der Produktpalette.

Zudem bietet Embedded Insurance die Chance, innovative Versicherungsprodukte in Pilotfeldern zu verproben. Ein MVP-Ansatz kann hier schnelle und vergleichbar kostengünstige Ergebnisse bezogen auf Produktumfang und Akzeptanz liefern.

Aber nicht nur für die Versicherer hat das Konzept Vorteile. Auch der Kunde profitiert von diesem Ansatz, da durch die Koppelung des Versicherungsabschlusses an den Kauf der Ware oder Dienstleistung sein Absicherungsbedarf in den Mittelpunkt gerückt wird.

Neben den Vorteilen und Chancen ergeben sich aber auch Herausforderungen. Aus den oben genannten Voraussetzungen zur effektiven Umsetzung von Embedded Insurance lassen sich bereits einige herauslesen:

- Oftmals sind die Prozesse in Versicherungsunternehmen nicht skalierbar
- Veraltete IT-Landschaft und Systeme bei den Versicherern
- Mangelnde Schnittstellenfähigkeit
- Starre IT Frameworks
- Keine Kapazitäten in der Anwendungsentwicklung und in Fachbereichen

- Vereinfachung der Bedingungssprache versus gesetzliche Vorgaben
- Umsetzung der regulatorischen Anforderungen sehr aufwendig
- Lange Produktentwicklungszyklen
- Datenschutz & Datensicherheit

Hinzu kommt noch die Herausforderung, den Zugang zu den digitalen Ökosystemen zu erhalten und die passenden strategischen Partnerschaften zu identifizieren und gewinnbringend zu schließen. Je nach Kooperation und Modell ist der Zugang zum Kunden für den Versicherer umfangreicher oder eben nicht.

Fazit

Der Konsum von Gütern und Dienstleistungen verlagert sich immer mehr auf das Internet. In diesem Zusammenhang gewinnen digitale Ökosysteme und Online-Plattformen immens an Bedeutung. Embedded Insurance rückt den Bedarf des Online-Konsumenten in den Mittelpunkt und ergänzt den Kauf eines Produktes schlüssig um die Absicherungskomponente. Für Versicherer bietet sich hier, vor allem in den Lebensbereichen „Mobilität", „Entertainment", „Living" und „Health", eine große Chance zur Erschließung eines „neuen" Absatzkanals: Annex-Vertrieb 2.0. Dieser ist allerdings mit einigen (Zugangs-)Hürden versehen. Diese Hürden liegen vor allem in der Flexibilität von Technologie, Schnittstellen, Prozessen und Produkten. Nur die Versicherer, die es schaffen, skalierbare Schnittstellen und Prozesse anzubieten und den Kundennutzen bei der Produktentwicklung nachhaltig in den Fokus zu stellen, werden diesen lukrativen Markt erfolgreich erschließen können.

Erste Schritte zur Anwendung von behavioral economics in der Versicherungswirtschaft: Die Zukunft des Kundenverstehens

Dr. Thomas Rodewis/Stefan Unterbuchberger

„Wenn man genau hinhört, erklärt einem der Kunde, wie man das Geschäft zu machen hat." – Deutsches Sprichwort

1 Einführung in behavioral economics

1.1 Unterschiede zwischen klassischer Erwartungsnutzentheorie und behavioral Ansätzen

Die klassische, ökonomische Erwartungsnutzentheorie geht davon aus, dass sich alle Individuen rational verhalten. Ein daraus abgeleitetes Modell besagt, dass ein Individuum seine Entscheidungen unabhängig von anderen und zu jeder Zeit mit vollständigen Informationen über den Markt trifft. Dabei wird unterstellt, dass diese Individuen bei jeder Entscheidung den persönlichen Nutzen maximieren. Gibt es mehrere Optionen zu einer Entscheidung, wird diejenige gewählt, die den persönlich größten Gewinn verspricht.

Dieses Modell trägt auch, wenn die Optionen unsicher sind. In diesem Fall sind die Nutzen der Optionen mit ihren jeweiligen Wahrscheinlichkeiten zu multiplizieren und zu vergleichen. Daraus lässt sich die Schlussfolgerung ableiten, dass die Auswahl zwischen mehreren Alternativen unabhängig davon ist,

- wie diese präsentiert werden,
- ob es neben der besten Alternative weitere gibt
- und welche Alternative „vorbelegt" ist.

Dass es in der Realität Abweichungen von diesem Modell gibt, zeigt ein instruktives Experiment von Dan Ariely[1], das wir vereinfacht darstellen möchten. Die Grundidee werden wir weiter unten im Detail aufgreifen.

In dem Experiment wurde das Abo des Economist in zwei verschiedenen Formen angeboten:

In der ersten Form (A) hat der Interessent die Wahl zwischen zwei Optionen: Online-Version für $59 oder Print-Version und Online-Version gemeinsam für $125.

In der zweiten Form (B) hat der Interessent die Wahl zwischen drei Optionen: Unverändert Online-Version für $59 oder Print-Version und Online-Version gemeinsam für $125 und zusätzlich die reine Print-Version für $125. Offensichtlich ist diese dritte Option völlig sinnlos, da sie zum gleichen Preis weniger bietet, als die kombinierte Print- und Online-Version.

Auf Basis des oben skizzierten Modells wäre zu erwarten, dass

1. Diese Option nicht gewählt wird und
2. die Wahl der anderen Optionen sich nicht verändert.

Das Experiment lieferte aber ein vollständig anderes Ergebnis. Zwar wurde die unsinnige Option tatsächlich nicht gewählt, aber die Präferenz für die kombinierte Print-Version und Online-Version stieg von 32 % in Form (A) auf 84 % in Form (B).

Die daraus und aus weiteren Experimenten resultierenden Erkenntnisse führten zu einem neuen Teilgebiet der Ökonomie, der sogenannten Verhaltensökonomie (behavioral economics)[2] [3].

---

1 Vgl. The Economist, 22 Mai 2019: https://www.economist.com/democracy-in-america/2009/05/22/the-importance-of-irrelevant-alternatives.

2 Vgl. Daniel Kahneman, J. L. Knetsch, Richard Thaler: Anomalies: The endowment effect, loss aversion, and status quo bias. In: The Journal of Economic Perspectives. Band 5, 1991, S. 193–206.

3 Vgl. Amos Tversky, Daniel Kahneman: The framing of decisions and the psychology of choice. In: Science. Band 211, 1981, S. 453–458.

1.2 Kritische Würdigung

Natürlich kann man auf die Idee kommen, diese Phänomene zur Steigerung der Verkaufszahlen bestimmter Produkte oder deren Varianten zu nutzen. Dafür hat sich der Begriff „nudge“ (engl. für Schubs) durchgesetzt – basierend auf dem entsprechenden Buch von Richard Thaler und Cass Sunstein[4]. Dabei gibt es sicher viele Beispiele, die wir alle als vollkommen unkritisch wahrnehmen (oder eben auch gar nicht wahrnehmen).

Ein Beispiel: Welcher Mann kennt nicht die Fliege im Urinal. Untersuchungen zeigen, dass dadurch die Reinigungskosten signifikant reduziert werden können. Noch nicht so bekannt, aber nicht weniger instruktiv sind die „Abstimmungsboxen für Zigarettenstummel“. Das sind einfache Boxen, bei denen man seine Stimme per Zigarettenstummel abgibt, z.B. zu der Frage, wer der bessere Fußballspieler sei: Messi oder Ronaldo. Die Abstimmung ist dabei völlig egal, aber der Sauberkeitsgrad in der Umgebung messbar höher als vor Aufstellung der Box.

Es gibt aber auch kritische Meinungen zu „nudges“. So stellt sich offensichtlich die Frage, welche „nudges“ zum Wohle des Empfängers sind und wie sich eine mögliche Beeinflussung abgrenzt, die darüber hinausgeht. Zu dieser Fragestellung hat Richard Thaler[5] drei Voraussetzungen formuliert, die „ethische nudges“ erfüllen müssen.

Ein „ethischer Nudge“ ist demnach

- offenbar dem Gemeinwohl dienend,
- transparent und
- einfach abänderbar aus Sicht desjenigen, der ge“nudge“d wird.

1.3 Übertragung auf die Versicherungsbranche (behavioral insurance)

Die Übertragung der Konzepte aus behavioral economics auf die Versicherungsbranche wird behavioral insurance genannt. Wir beschäftigen uns also mit der Frage, wie „nudging“ im Kontext einer

4 Vgl. Nudge: Improving Decisions About Health, Wealth and Happiness, 2008.

5 Vgl. Richard Thaler: The Power of Nudges, for Good and Bad. In: The New York Times. 31.10.2015.

Versicherung angewendet werden kann – natürlich immer unter Berücksichtigung der ethischen Aspekte, die im vorigen Abschnitt diskutiert wurden.

Bei Versicherungen handelt es sich um ein Produkt oder eine Leistung, die im Alltagsleben eines Menschen normalerweise keine oder nur eine sehr unterbewusste Rolle spielt. Erst wenn ein Schaden passiert oder eine ernsthafte Erkrankung vorliegt, rückt das Thema ins Bewusstsein.

Dann ist es aber – gerade in existenzbedrohenden Bereichen wie der Elementarschaden- oder Berufsunfähigkeitsversicherung – zu spät. Nach „nudges" zu suchen, die zu einer Erhöhung in der Versicherungsdichte in diesen Sparten führen, kann daher vom Grundtenor den „ethischen nudges" zugeordnet werden. Auch in anderen Teilen der Wertschöpfungskette des Versicherers lassen sich bestimmt Anwendungsfälle finden. Wir wollen uns im Folgenden auf Ideen konzentrieren, zu denen wir bereits konkrete Vorstellungen oder sogar praktische Erfahrungen haben.

2 Erste praktische Anwendungskonzepte in der Versicherungsbranche

2.1 Anmeldeprozess im Kundenportal als Anreiz für digitale Services nutzen

Kundenportale im Versicherungsumfeld bieten für Kunden eine Verbesserung der Servicequalität und unterstützen gleichzeitig die Ziele einer effizienten Anliegenbearbeitung. Die Akzeptanz durch die Kunden korreliert dabei primär mit der Einfachheit der Nutzung. Der erste Kontakt erfolgt in Form des Anmeldeprozesses, der einigen regulatorischen Vorgaben entsprechen muss. Erst nach dessen „Überwindung" erhält der Kunde Zugang zu seinen Vertragsinformationen, Dokumenten und Serviceangeboten.

Ein wesentlicher Erfolgsfaktor ist daher, diesen Prozess für den Kunden möglichst transparent und einfach zu gestalten, um bereits hier den Grundstein für die Servicenutzung zu legen.

Ausgangsbasis im Prozess war die klassische Variante in Papierform. Nach der Registrierung auf der Webseite erhält der Kunde per Post einen Code übermittelt, mit dem er das Portalkonto online aktivieren kann. In Bezug auf das Nutzererlebnis ergeben sich dabei mehrere Probleme:

- Der Kunde kann die digitalen Services nicht sofort nutzen, sondern muss auf die Zustellung des Briefes warten. Bei zeitkritischen Anliegen ist das unbefriedigend.
- Bei Erhalt des Briefes sitzt der Kunde nicht unbedingt vor dem Rechner. Die notwendige Aktivierung gerät unter Umständen in Vergessenheit und wird nicht oder erst deutlich später nachgeholt.

In diesen Fällen leidet die Conversion und die Erfahrung zeigt, dass es eine nicht unerhebliche Zahl an Nutzerkonten gibt, die nie vollständig aktiviert werden.

Um diesem Problem zu begegnen, wurde ein Konzept entwickelt, das den Kunden aus seinem eigentlichen Anliegen heraus in das Portal überleitet. Der erste Ansatzpunkt dabei ist die Identifikation der Person.

Anstelle des Briefes werden alternative digitale Verfahren angeboten. Der Kunde kann dabei über die Erkennung seines Personalausweises oder die Daten aus seinem Onlinebanking die Identifizierung durchführen. Beide Verfahren ermöglichen eine sofortige Aktivierung des Kontos.

Um die Conversion zu steigern, spielt hier die Präsentation auf der Webseite eine entscheidende Rolle. Die Verfahren werden mit kurzen Texten erläutert, die prägnant die Vorzüge aufzeigen. Der bisherige Aktivierungsbrief wird ebenfalls angeboten, aber es wird deutlich, dass es sich dabei um ein „Fallback“ handelt, also eine Variante, die das Bedürfnis des schnellen Zugangs nicht erfüllt. Auch ohne große Werbemaßnahmen zeigen die Auswertungen, dass die Kunden diese Botschaften erkennen und die digitalen Alternativen gut annehmen.

Hinsichtlich der Nutzungsergonomie ist das allerdings nur der erste Schritt. In weiteren Ausbaustufen sollen die Prozesse der Servicenutzung generell neu modelliert werden. Das Konzept sieht vor, dass die Trennung der Servicenutzung in einen angemeldeten und nicht angemeldeten Zustand immer weiter reduziert wird.

Was bedeutet das genau? Ein Service ist generell so gestaltet, dass er technisch unabhängig von dem Nutzerkontext genutzt werden kann.

Die im Dialog zu erfassenden Daten passen sich dabei dynamisch an die bereits bekannten Attribute an.

Ein Beispiel: Der Kunde möchte einen Schadenfall melden. Tut er dies auf der offenen Webseite, kennen wir den Vertragskontext nicht. Daher trägt der Kunde seine Daten, wie die Versicherungsnummer, ein. Ist der Kunde bereits angemeldet, bietet der Service eine Auswahl der bestehenden Verträge, zu denen der Kunde einen Schaden melden kann, und bereits Plausibilitäten auf Basis der vereinbarten Leistungen.

In dem ersten Fall bietet sich nun die Gelegenheit, den Anreiz für die Portalregistrierung zu setzen. Der Kunde wird das Ausfüllen der Daten als lästig empfinden. Am Ende des Prozesses kann daher die Option eröffnet werden, durch wenige Informationen (Nutzer und Passwort) die Daten nicht nur für die Zukunft zu speichern, sondern generell Zugang zu allen Digitalen Services zu erhalten.

Diese Form der Motivation erreicht den Kunden genau an dem Punkt, wo ein konkretes Anliegen mit einer Lösung verknüpft werden kann, die der Kunde auch als echten Vorteil erkennt. Wie in dem vorherigen Kapitel erläutert, werden „nudges" transparent so platziert, dass der Vorteil für den Kunden erkennbar ist, aber er immer die Wahlmöglichkeit behält.

2.2 Nachhaltigkeit als Trigger für den Verzicht auf physische Dokumente

Denkt man einen Schritt weiter und blickt in die einzelnen Prozesse, dann gibt es unterschiedlichste Themen, die über den Ansatz von behavioral economics optimiert werden können.

Unter Umwelt- und Kostengesichtspunkten der interessanteste Aspekt ist dabei die papierbasierte Kommunikation. Versicherungsunternehmen haben hier einen großen Anteil, da praktisch das gesamte Geschäftsmodell auf Dokumenten und damit traditionell auf Papier basiert.

Um den Kunden zu der Nutzung des digitalen Postfachs zu bewegen, ist die im vorherigen Punkt genannte Registrierung die Grundvoraussetzung. Damit war in unserem Fall aber nicht automatisch die Umstellung auf den digitalen Versand verknüpft. Der Kunde hatte ein aktives Wahlrecht und musste sich für den Verzicht auf Papier entscheiden.

An dieser Stelle kann man die Argumente der Nachhaltigkeit nutzen, um die Entscheidung des Kunden zu beeinflussen. Der Ansatz ist hierbei, dass der Papierverzicht vorbelegt ist und mit Argumenten des Umweltschutzes untermauert wird. Auch hier kann der Kunde sich noch anders entscheiden und den digitalen Versand abwählen. Er tut dies dann aber in dem Bewusstsein, dass sein Beitrag zur Nachhaltigkeit entsprechend geringer ausfällt.

Die Erfahrungen zeigen hier, dass die meisten Kunden die vorausgewählte Einstellung belassen und den Argumenten sehr aufgeschlossen gegenüberstehen.

2.3 Moderne Zahlungsoptionen sorgen für eine steigende Conversion

In dem letzten Kapitel möchten wir noch eine weitere Facette der Kundenbeziehung beleuchten und einen Blick auf den Antragsprozess werfen. Neben der Produktgestaltung hat auch die Durchführung nicht unerheblichen Einfluss auf das Kundenverhalten.

Abhängig von dem Produkt ist die Erwartungshaltung der Kunden unterschiedlich ausgeprägt. Bei einer Lebensversicherung ist nachvollziehbar und akzeptiert, dass Anträge relativ umfangreich sein müssen und die monatlichen Beiträge über das Lastschriftverfahren eingezogen werden.

Handelt es sich jedoch um ein vermeintlich einfaches Produkt, nimmt die Akzeptanz langer Antragsstrecken deutlich ab. Ein Punkt ist hier die Zahlungsoption, die der Kunde wählen kann.

Anbieter wie Paypal oder Amazon bieten mittlerweile Schnittstellen, die sich nahtlos in den Prozess integrieren lassen. Dabei wird nicht nur der eigentliche Geldtransfer sichergestellt, sondern es können Legitimation und Zahlung aus dem Ökosystem der Anbieter verknüpft werden.

Für den Kunden bedeutet das in erster Linie Komfort. Bank- oder Kreditkartendaten sind nicht erforderlich, es genügt der Login zu dem jeweiligen Anbieter. Einzelne Buchungen werden im Push-Verfahren kommuniziert und lassen sich in den Portalen transparent nachverfolgen. Zum Teil können Bonus-Programme verknüpft werden, die bei Kunden für einen Cash-Back Effekt sorgen. Viele Argumente, die aus der Kundenperspektive positiv sind.

Ähnlich der Registrierung ist daher auch hier der Ansatz, diese Alternativen beim Versicherungsantrag für bestimmte Produkte in den Vordergrund zu stellen. Der Kunde erkennt hierbei die Vorteile, die sich möglicherweise auch von dem Wettbewerb abheben. Die Kombination aus Produkt und Zahlweise kann so den entscheidenden Trigger für die Abschlussbereitschaft setzen.

Gerade mit Blick auf ein dynamisches Portfolio an Spotlight-Versicherungen, die situativen und bedarfsgerechten Schutz bieten, ist das ein wichtiger Baustein zur Erhöhung der Conversion.

Wir konnten diesen Effekt in einem konkreten Experiment nachweisen. Über eine Dauer von ca. einem Jahr haben wir auf der Online-Abschlussstrecke für eine Haftpflichtversicherung neben den klassischen Zahlwegen Lastschrifteinzug und Überweisung teilweise einen dritten, innovativen Zahlweg angeboten (Zahlung per QR-Code bei ausgewählten Partnern, z.B. an der Supermarktkasse). Teilweise bedeutet dabei, dass in Form eines A/B-Tests etwa die Hälfte der Nutzer der Abschlussstrecke die Seite mit zwei Zahlwegen, die andere Hälfte die Version mit drei Zahlwegen gesehen und genutzt haben.

Die Auswahl der Nutzer erfolgte dabei zufällig. Das Resultat ist verblüffend: Obwohl von über 1.000 Nutzern der Antragsstrecke nur vier den innovativen Zahlweg ausgewählt haben, war die Conversion dieser Gruppe um über 20 % höher als in der anderen Gruppe mit klassischen Zahlwegen.

Aus unserer Sicht ein starkes Indiz, dass hier ein Phänomen aus den im Eingangskapitel skizzierten behavioral economics gewirkt hat. Die Parallele zum Experiment mit den verschiedenen Abo-Formaten des „The Economist" drängt sich dabei auf.

3 Resümee und Ausblick

Am Ende dreht sich alles um den Kunden und die Frage, wie sich Bedürfnisse erkennen und in ein konkretes (Kauf)Verhalten übertragen lassen. Behavioral economics bietet dabei spannende Ansätze, um hier die richtigen Impulse zu setzen. Die berechtigte Diskussion um die ethische Vertretbarkeit von „nudges" lässt sich dabei aus unserer Sicht oft klar positiv im Sinne der Kriterien von Richard Thaler beantworten:

Wichtig ist dabei stets die Transparenz, die dem Kunden eine reale Entscheidung ermöglicht. Es geht nicht darum, Dinge zu verschleiern oder Informationen so zu verändern, dass Entscheidungen unter falschen Voraussetzungen getroffen werden.

Mit diesem ethischen Grundsatz lassen sich tatsächlich Erfolge erzielen, die nicht nur den Kunden, sondern auch den Unternehmen dienen.

Prozessautomatisierung und -digitalisierung im Inputmanagement eines Sachversicherers: Erkenntnisse einer Case Study

Theresa Eden/Marco Brandt

1 Einleitung

Die digitale Transformation beeinflusst sowohl die privaten als auch beruflichen Bereiche und gleichermaßen die Versicherungsunternehmen (Vial, 2019). Versicherer unterliegen in diesem Zusammenhang verschiedenen Einflussfaktoren, wie z.B. der dynamischen Veränderung der Kundenbedürfnisse und dem stetig steigenden Wettbewerbsdruck der globalisierten Märkte (Eden et al., 2022). Technologische Innovationen sind im Versicherungssektor notwendige Maßnahmen, um den resultierenden Herausforderungen entgegenzuwirken (Lichtenthaler, 2020; Werth et. al., 2020). Das Hauptziel von Versicherungsunternehmen ist es dabei, das bestehende Finanzdienstleistungsangebot zu verbessern oder neue kundenfreundliche Finanzdienstleistungen anzubieten (Eling und Lehmann, 2018; Keller, 2018; Lanfranchi und Grassi, 2022). Der technologische Fortschritt ermöglicht, das Backoffice der Versicherer neu zu organisieren und kostengünstiger zu gestalten (Busch, 2019). Zur Steigerung der eigenen Wettbewerbsfähigkeit wird in Versicherungsunternehmen der Prozessautomatisierung und -digitalisierung ein hohes Potenzial zugeschrieben. Konkret erfolgt dafür im Inputmanagement des betrachteten Sachversicherers die Verwendung einer Optical Character Recognition (OCR) mit regelbasierter Datenextraktion, die das Ziel verfolgt, Korrespondenzen und Rechnungen zu digitalisieren, um den manuellen Aufwand der Datenerfassung zu reduzieren. Zudem ist der Einsatz einer OCR mit regelbasierter Datenextraktion einschließlich der Erweiterung um den Einsatz von Künstlicher Intelligenz (KI) sowie die damit erzielten Steigerungen der Dunkelverarbeitungsquote von derzeit 75 Prozent und demnächst 80 Prozent Gegenstand der Untersuchung. Im Folgenden wird die in der vorliegenden Case Study betrachtete Prozessdigitalisierung sowie Prozessautomatisierung vertiefend vorgestellt.

2 Prozessdigitalisierung

Technische Sicht

Zur Digitalisierung des Inputmanagements nutzt das betrachtete Versicherungsunternehmen eine Erkennungstechnologie für Dokumente sowie ein Modul zur manuellen Nacherfassung. Die Prozessdigitalisierung des Inputmanagements erfolgte unter dem Projektnamen ‚Scannen und Erkennen' (SuE). Im Rahmen der verwendeten Software zur automatischen Verarbeitung von Dokumenten können Freiform-Dokumente, Belege mit unbekanntem Layout und Formulare verarbeitet werden. Im Gegensatz zu klassischen OCR-Systemen ist nicht nur die Erkennung einzelner Felder von Formularen mit bekanntem Layout möglich, sondern es können zusätzlich aus stark variierenden Dokumenten mit unbekanntem Ort der gewünschten Informationen diese aus gedruckten und maschinenschriftlichen Dokumenten extrahiert werden. Die Erkennungstechnologie extrahiert dabei regelbasiert den Textinhalt der Dokumente. Für Bilder, wie bspw. gescannte Rechnungen, wird eine Texterkennung unter Einsatz von OCR durchgeführt. Die reguläre OCR basiert wiederum auf einer Volltextsuche, wodurch handschriftlich erstelle Rechnungen sowie maschinenschriftliche Einträge auf Formularen nicht extrahiert werden können. Für derartige Fälle ist die Durchführung einer OCR-Lesung über Lesezonenobjekte möglich. Zur Bereinigung der Lesezonen werden Methoden zur Unterdrückung bestimmter Farben sowie die Linienentfernung und Entfernung kleiner Störungen genutzt.

Im Rahmen der regelbasierten Datenextraktion erfolgt die Ermittlung von Datentypen hierarchisch. Die erste Hierarchieebene umfasst dabei die Basisklassen. Die Klassifizierung der Unterscheidungsmerkmale der jeweiligen Basisklassen und der Entscheidungsprozess werden wiederholt, bis die Definition eines eindeutigen Dokumententyps erreicht ist. Die daraus resultierende Datenbasis wird als Regelwerk bezeichnet, welches einen Regelbaum sowie eine hierarchische Anordnung von Knoten umfasst. Innerhalb der Knoten erfolgt die Berechnung der Güte des Knotens der einzelnen Objekte. Über Vergleichsanalysen ist es das Ziel, den ermittelten Dokumententyp auszuweisen und weitere Aktionen, wie z.B. die Suche einer Versicherungsnummer, auszulösen. Im Anschluss an den Erkennungsprozess folgt der Einsatz eines Nachkorrekturprogramms, worüber ermittelt wird, ob es sich um ein sicheres oder unsicheres Ergebnis handelt.

Prozessuale Sicht

Innerhalb des SuE-Prozesses ist es das Ziel, die Datenerfassung dauerhaft zu entlasten. Eingehende Faxe, E-Mails sowie weitere Korrespondenzen über das Kundenportal, Online-Formulare, die Kunden-App und Rechnungs-App werden automatisch in das Inputmanagement-System eingespielt. Postalische Dokumente werden zunächst über ein Programm eingescannt und anschließend ebenfalls in das Inputmanagement-System importiert. Anschließend erfolgt das Durchlaufen des Regelwerkes der Stufe 1, in welcher sowohl die Partnernummer als auch der Seitentyp bzw. Dokumententyp (z.B. Kündigung, Zusatzbelege, Stammdatenänderungen und Rechnung) erkannt wird. Über die Basis von Definitionen, Fachbegriffen und Satzbausteinen wird von dem Regelwerk nach einem eindeutigen Ergebnis gesucht. Je mehr und je spezifischere Ergebnisse gefunden werden, desto sicherer ist das Ergebnis. Sofern die Identifikation des Dokumententyps oder der Partnernummer nicht möglich ist, besteht die Notwendigkeit einer manuellen Ergänzung über die Nachkorrektur. Anschließend durchläuft ausschließlich der Dokumententyp ‚Rechnung' die weiteren Stufen. Die anderen Dokumententypen werden im Anschluss an Stufe 1 dem jeweiligen Kunden zugeordnet oder manuell bearbeitet.

In Stufe 2 ist es das Ziel, die Kopfdaten der Rechnungen automatisch zu erfassen. Sofern die erforderlichen Pflichtdaten (wie z.B. Vertragsnummer, Rechnungsdatum oder Rechnungsnummer) unsicher oder nicht erkannt werden, erfolgt erneut die manuelle Nachkorrektur. Die Auslesung weiterer Fachdaten zum Betrag der Einzelpositionen und dem Mehrwertsteuersatz ist Bestandteil der dritten Stufe. Auch in dieser Stufe ist eine manuelle Nacherfassung bei fehlenden Daten nötig. Insbesondere die Schadenkategorie der einzelnen Rechnungspositionen muss stets manuell erfasst werden. Abschließend ist eine Plausibilitätsprüfung vorgesehen, in der ein Abgleich mit den Vertragskonditionen stattfindet. Bei erfolgreicher Plausibilitätsprüfung wird der Schadenbetrag an den zuvor identifizierten Zahlungsempfänger ausgezahlt. Sofern die Plausibilitätsprüfung nicht erfolgreich ist, ist eine ergänzende manuelle Prüfung erforderlich.

3 Prozessautomatisierung

Im Prozess des betrachteten Schadenversicherers werden unter Einsatz von OCR-Anwendungen die erforderlichen Informationen aus den eingehenden Rechnungen digitalisiert, extrahiert und verarbeitet. Sofern die definierten Kriterien erfüllt sind, erfolgt die Dunkelverarbeitung des Leistungsanspruches. Derzeit ist eine Dunkelverarbeitung ausschließlich bei Rechnungen in Höhe eines definierten Schwellenwertes vorgesehen, welcher ca. 80 % des Gesamtrechnungsvolumens ausmacht. Die OCR extrahiert die Stammdaten, wobei die Qualität der Erkennung mithilfe eines Wahrscheinlichkeitsgrades angegeben wird. Zur automatischen Leistungsverarbeitung ist das Vorliegen der definierten Pflichtfelder zwingend erforderlich. Sogenannte Abbruchkriterien verhindern ebenfalls eine automatische Leistungsverarbeitung. Grundsätzlich ist eine Ermittlung des Versicherungsproduktes anhand der Vertragsnummer möglich. Im Rahmen der Prüfung des Deckungsschutzes ist zu erheben, ob ein Vertrag existiert, welcher das angelegte Risiko abdeckt. Zudem darf dieser Vertrag nicht gekündigt sein oder sich in der Warteschleife befinden. Im Rahmen der Tarifanlage wird systematisch erfasst, welche Schadenkategorien Bestandteil des Tarifes sind. Die zugrunde gelegte Kategorisierung wird mithilfe der Suche nach Schlüsselbegriffen umgesetzt, welche gleichermaßen Ausschlusskategorien definieren. Ein Vertrauensindex gibt bei jeder vorgenommenen Kategorisierung Aufschluss darüber, ob eine Nachbearbeitung der Rechnungskategorisierung nötig ist. Ist dies nicht der Fall, wird der Rechnungsbetrag automatisch an den entsprechenden Zahlungsempfänger ausgezahlt. Bei einer nicht ausreichend sicher kategorisierten Rechnungsposition, ist eine manuelle Prüfung der gesamten Rechnung nötig. Aktuell ist dies aufgrund der guten Extraktionsergebnisse jedoch bei weniger als 25 % der Rechnungen erforderlich. Kurzzeitige Verschlechterungen der Dunkelverarbeitungsquote sind auf die vorübergehende Mehrwertsteuersenkung und das Abschalten des Inputkanals Fax zurückzuführen. Zur weiteren Erhöhung der Dunkelverarbeitungsquote sind die Auslesung der einzelnen Rechnungspositionen sowie das Zusammenführen der jeweiligen Leistungskategorien notwendig. Zur Rechnungskategorisierung wurde ein KI-Modell eingebunden, da die regelbasierte Extraktion dafür nicht ausreicht.

Die Kategorisierung umfasst sowohl das Extraktionsmodell als auch das KI-Modell, welches mithilfe von Trainingsdaten trainiert wird. Die Datengrundlage bieten Rechnungen, die in der Korrekturoberfläche nachbearbeitet werden. Die KI-Modelle basieren hierbei auf Natural Language Processing (NLP) und Machine Learning (ML) Algorithmen. Die Ergebnisse werden nach einer statistischen Wahrscheinlichkeit bewertet. Individuell konfigurierte und unterschiedlich gewichtete Qualitätsschranken sind Bestandteil jedes Extraktionsfeldes. Sofern technische Schwierigkeiten oder eine unzureichende Qualität der Extraktionsergebnisse vorliegen, ist ein einfacher Wechsel des OCR-Services möglich. Ist die Extraktion abgeschlossen und sind die Qualitätsschranken erfüllt, erfolgt die Kategorisierung der Einzelpositionen einer Rechnung. Tarifstrukturen und Schadenkategorien müssen dem KI-Modell dabei nicht antrainiert werden, sondern Änderungen in den Schadenkategorien sind über die Aktualisierung der Tarifzuordnungen möglich.

4 Fazit und Ausblick

Im Rahmen der Digitalisierung und regelbasierten Datenextraktion von eingehenden Korrespondenzen und Rechnungen konnte der manuelle Aufwand im Inputmanagement des betrachteten Sachversicherers durch den Einsatz der OCR reduziert werden. Infolge der geringeren Durchlaufzeit der Vorgänge konnte ferner die Kundenzufriedenheit erhöht sowie eine Entlastung des Kundendienstes erreicht werden. Zur Erleichterung und Beschleunigung der manuellen Nacherfassung stellt die Korrekturoberfläche alle benötigten Informationen übersichtlich dar. Die OCR mit regelbasierter Datenextraktion unterstützt im Schadenmanagement darüber hinaus die Dunkelverarbeitung, indem aus den Rechnungen die erforderlichen Informationen digitalisiert, extrahiert und verarbeitet werden. Insgesamt ist jedoch festzustellen, dass für eine OCR mit regelbasierter Datenextraktion die Komplexität mit zunehmender Nutzung steigt. Zudem ist eine Interpretation der Daten und damit die Interpretation der Rechnungspositionen sowie die einhergehende Kategorisierung nicht möglich. Aufgrund dessen erfolgte die Einführung einer KI im Schadenmanagement, welche die zuvor fehlende Fähigkeit der Interpretation unterstützt. Über die Annahme eines infolge zunehmender Trainings stetig optimierenden KI-Modells strebt der Sachversicherer derzeit eine Dunkelverarbeitungsquote von 80 % an. Neben den genannten Potenzialen ist das Risiko von Systemausfällen jedoch nicht zu vernachlässigen. Bereits bei kürzeren Ausfällen im SuE-Prozess und der Leistungsverarbeitung ergibt sich ein Rückstau der betroffenen Vorgänge. Um diesem Problem entgegenzuwirken, wurden von dem Sachversicherer Infrastrukturressourcen aufgebaut und eine erhöhte Ausfallsicherheit etabliert. Auch die Austauschbarkeit der OCR-Partner sollte gegeben sein, welche eine Abhängigkeit von einem Anbieter verhindert. Darüber hinaus findet ein automatisierter Chatbot im Inputmanagement des betrachteten Versicherungsunternehmens bereits Anwendung und erste Erfahrungen werden zum aktuellen Zeitpunkt gesammelt. Zur Kostenminimierung und Verbesserung der eigenen Wettbewerbsfähigkeit sollten bestehende Digitalisierungs- und Automatisierungspotenziale genutzt werden.

Literatur:

Busch, S. (2019). Versicherungsunternehmen im kognitiven Zeitalter in Reich, M. und Zerres, C., eds., Handbuch Versicherungsmarketing, Springer.

Eden, T., Werth, O., Rodríguez Cardona, D., Schwarzbach, C., Breitner, M. H. und Graf von der Schulenburg, J. M. (2022). Influences of Digital Innovations on Advisory Work in the Financial Services Sector. *Die Unternehmung*, 76, 1: 6–27.

Eling, M. und Lehmann, M. (2018). The Impact of Digitalization on the Insurance Value Chain and the Insurability of Risks. *The Geneva Papers on Risk and Insurance – Issues and Practice*, 43, 3: 359–396.

Keller, B. (2018). Big Data and Insurance: Implications for Innovation, Competition and Privacy, URL: https://www.genevaassociation.org/sites/default/files/research-topics-document-type/pdf_public/research_brief_-_big_data_and_insurance.pdf [15.10.2022]

Lanfranchi, D. und Grassi, L. (2022). Examining Insurance Companies' Use of Technology for Innovation. *The Geneva Papers on Risk and Insurance – Issues and Practice*, 47, 3: 520–537.

Lichtenthaler, U. (2020). Building Blocks of Successful Digital Transformation: Complementing Technology and Market Issues. *International Journal of Innovation and Technology Management*, 17, 01: 205000-1–205000-18.

Vial, G. (2019). Understanding Digital Transformation: A Review and a Research Agenda. *The Journal of Strategic Information Systems*, 28, 2: 118–144.

Werth, O., Schwarzbach, C., Rodríguez Cardona, D., Breitner, M. H. und Graf von der Schulenburg, J. M. (2020). Influencing Factors for the Digital Transformation in the Financial Services Sector. *Zeitschrift für die gesamte Versicherungswissenschaft*, 109, 2–4: 115–179.

What determines the Usage of Mental Health Applications? – A Quantitative Investigation

Hai Nhi Bui/Oliver Werth

1 Introduction and Mental Health Applications as Research Object

Major depressive disorder (MDD) is the most common and impactful mental illness internationally (Klein and Berger, 2013). According to the World Health Organization (WHO) 3.8 % of the world's population is affected by MDD and suicide is committed by over 700.000 people annually (WHO, 2021). The estimated lifetime prevalence averages 16 % to 20 % worldwide (Otte et al., 2016). Additionally, crises like the global COVID-19 pandemic that emerged in 2020 exacerbate public mental health (Bujard et al., 2021). It is evident that "[e]ffectively treating MDD could reduce the economic burden in the workplace by reducing presenteeism and absenteeism" (Greenberg et al., 2021, p. 661). However, there is a significant gap between the supply and demand of psychotherapy (Bundespsychotherapeuten-kammer, 2013).

Internet-based cognitive behavioral therapy (iCBT) programs, which are often offered by and developed in cooperation with health insurance companies, can replace face-to-face therapy for the treatment of mild to moderate MDD, as it is evident that the overall effects are positive (Mathiasen et al., 2016). Besides the iCBT programs, there are many more applications ("apps") that target mental health and well-being. In general, these online-healthcare services (OHS) have the potential to facilitate and enhance mental health care. The great advantages of OHS compared to face-to-face treatments are the time and location independence as well as the unlimited availability, cost-effectiveness, and stigma avoidance (Neary and Schueller, 2018). Although it has been proven that OHS, respectively mental health apps can be clinically effective forms and a good supplement to face-to-face psychotherapy, their actual usage is quite low. The uptake rates of MDD patients using mental health apps vary between 3 % and 25 % (e.g. Woodford et al., 2011; Ebert et al., 2015). Despite the growing cases of mental illness, the state of research and practical knowledge on usability and technology acceptance of mental health apps is still expandable. For this reason, this article aims to evaluate the usability of general mental health apps by using a quantitative approach and to investigate whether the user's usability perception has a significant influence on the acceptance of this technology or not. It uses the Technology Acceptance Model (Davis, 1989), the Delone and McLean Information Systems (IS) Success Model (Delone and McLean, 2002), and the Health Information Technology Evaluation Model (Yen, 2010) as underlying theories and measurement instruments. Insurance companies and software developers can use this study as knowledge background for a wider discussion on the usefulness and acceptance of such technological solutions for patients.

2 Methods, Data Collection, and Results

An anonymous self-report study was designed with the online survey tool LimeSurvey. Before launching the online questionnaire into the field, it was pretested with individuals to enhance its clarity and eliminate technical issues. After implementing the suggested improvements, the final questionnaire was published and distributed. In the introductory text, the objective of the study was stated and the objects "mental health apps" of the study were defined. The participants were made aware of the voluntary nature and guaranteed anonymity of the survey. Moreover, it was explicitly pointed out that the survey does not replace professional consultation. No monetary or comparable incentives were given to answer the survey. The questionnaire took about 6–8 minutes to be completed. The data were collected from February 2022 to April 2022. In the first part of the questionnaire, participants were asked to name the mental health app(s) they used if they have already gained experience with those apps. Participants who indicated they did not use a mental health app were taken directly to the demographic questions. Otherwise, participants were directed to the main part of the questionnaire where they were asked to respond to usability and usage questions according to their perceptions. All constructs were measured with a 7-point Likert scale ranging from 1 – "strongly disagree" to 7 – "strongly agree". The questionnaire is available on request by the authors. As the target group was mental health app users, the group of non-users has also been excluded from the sample. Thus, out of 139 complete responses, 83 responses were removed. A sample size of 56 responses was qualified for the analysis. The average age of the respondents was 30.5 years. The gender distribution of the sample was 40 females and 16 males. 23 individuals were (self-)employed, while 27 were students.

The empirical analysis was carried out using the Smart PLS 3 software (version 3.3.6). For this purpose, the survey data were imported into the software and the calculation of the study model was performed. First, the Partial Least Squares (PLS) algorithm was applied, and then bootstrapping with 5,000 iterations was performed. This was followed by an analysis of the measurement or structural model according to Hair et al. (2021). The paths between the higher-order component usability and the associated lower-order component's impact, perceived usefulness, perceived ease of use, and user control are no cause-effect relationships. However, theycan be seen as factor loadings. Usability has a very strong positive and significant influence on user satisfaction with a path coefficient of 0.765 and a strong positive and significant influence on perceived net benefits with a path coefficient of 0.620. User satisfaction and perceived net benefits both have fairly strong positive and significant impacts on the intention to use mental health applications. The path coefficient between user satisfaction and intention to use is 0.409 and the path coefficient between perceived net benefits and intention to use is 0.340. Usability and intention to use share a low path coefficient of 0.139 which would indicate a low impact. However, this low impact is not significant. The adjusted R-square for the endogenous latent variable intention to use is 0.603 and reveals the mediocre explanatory power of the model. To be more precise, one can conclude that 60.3 % of the variance in intention to use is explained by the research model. Figure 1 shows the results of the PLS analysis as well as significant and insignificant paths.

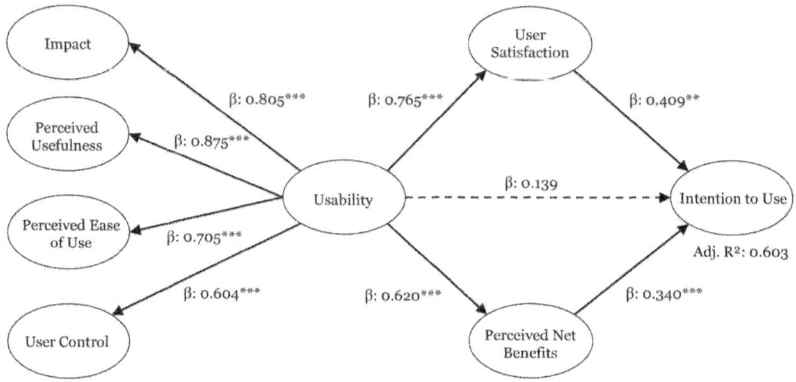

Figure 1: Results of PLS-Analysis

Notes: *p < 0.1; **p < 0.05; ***p < 0.01; n = 56; dotted line indicate insignificant path

3 Recommendations, Outlook, and Conclusions

Major depressive disorder is a serious condition, that causes sufferings on the individual level but also costs economies several billion Euros annually. Regarding crises like the COVID-19 pandemic, one can assume that the cases of MDD will increase. The healthcare situation is already tense as the demand for psychotherapy exceeds the supply. Merely a quarter of the people who have MDD and are willing to get a treatment receive treatment in an appropriate time period. Although studies on iCBT programs confirm evident positive effects of mental health applications on the recovery process, only a small fraction of MDD-diagnosed people who are in need of treatment uses electronic health or mobile health programs. Within the context of mental health apps, the success of the technology implementation and the increased usage can provide great added value regarding tense healthcare situations, the reduction of the patient's suffering, and along with it the reduction of the economic burden. Most people have a lower inhibition threshold to use technologies when they are easy to understand, work as expected, and deliver value (Weichbroth, 2020). As the usage and distribution of mental health apps are beneficial, this work addresses substantial research on technology acceptance and usability. Within the proposed research, model usability does not influence the intention to use mental health apps directly. The analysis revealed a weak influence which however is not significant. Since usability determines the constructs' user satisfaction and perceived net benefits which in turn determine the intention to use, indirect impacts of usability on the intention to use are found. The analysis results show significant positive effects. Consequently, one can say that usability is important to consider, as it influences the technology acceptance of mental health apps positively via detours. For practice, this means that software developers must examine the needs of potential mental health app users and respond to them adequately to increase actual usage. From a practical point of view, it can be concluded that the take-up rate of mental health apps can be increased by developing user-friendly and more operable apps. To improve the ratings, software developers, but also insurance companies are advised to conduct surveys or interviews to gain information about which functionalities, interface and appearance, content, and structures are desirable for patients diagnosed with mild or moderate mental disorders. This would lead to a better understanding of the challenges that are associated with the distribution of mental health apps in Germany or elsewhere. As a result, an enhanced acceptance of such technological solutions can be achieved by all involved stakeholders.

Nonetheless, the results of this study must be viewed with caution as limitations are present. Further research should be less restricted by the sample and theoretical approach. The object of the survey "mental health applications" was widely defined. The object was neither restricted to electronic health nor mobile health apps. This causes difficulties in deriving more specific implications. Different types of mental health apps with different functionalities are sometimes easier to understand and more valuable. In addition, cross-cultural investigations could bring added value for research on technology acceptance as well as for the practical implementation of mental health applications. However, this study shed light on relevant acceptance factors for mental health apps and can be used as an ignition for further discussions and distributions of such technological solutions among stakeholders, such as patients, psychotherapists, insurance companies, and software developers.

References:

- Bujard, M., von den Driesch, E., Ruckdeschel, K., LAß, I. N. G. A., Thönnissen, C., Schumann, A., & Schneider, N. F. (2021). Stresses of children, adolescents, and parents in the Corona pandemic. (Belastungen von Kindern, Jugendlichen und Eltern in der Corona-Pandemie), German Federal Institute for Population Research. BiB Studies. doi:10.12765/bro-2021-02.
- Bundespsychotherapeutenkammer (2013). 10 Facts about Psychotherapy - BPtK Viewpoint. (10 Tatsachen zur Psychotherapie – BPtK Standpunkt), Available at: https://www.bptk.de/wp-content/uploads/2019/01/20130412_BPtK_Standpunkt_10_Tatsachen_Psychotherapie.pdf (last accessed 2023-02-09).
- Davis, F.D. (1989). Perceived Usefulness, Perceived Ease of Use, and User Acceptance of Information Technology. MIS Quarterly, 13(3), pp. 319-340. doi:10.2307/249008.
- Delone, W.H. & Mclean, E.R. (2002) The DeLone and McLean Model of Information Systems Success: A Ten-Year Update. Journal of Management Information Systems, 19(4), pp. 9-30. doi:10.1080/07421222.2003.11045748.
- Ebert, D. D., Berking, M., Cuijpers, P., Lehr, D., Pörtner, M., & Baumeister, H. (2015). Increasing the Acceptance of Internet-Based Mental Health Interventions in Primary Care Patients with Depressive Symptoms: A Randomized Controlled Trial. Journal of Affective Disorders, 176, pp. 9–17. doi:10.1016/j.jad.2015.01.056.
- Greenberg, P. E., Fournier, A. A., Sisitsky, T., Simes, M., Berman, R., Koenigsberg, S. H., & Kessler, R. C. (2021). The Economic Burden of Adults with Major Depressive Disorder in the United States (2010 and 2018). Pharmacoeconomics, 39(6), pp. 653-665. doi:10.1007/s40273-021-01019-4.
- Hair Jr, J. F., Hult, G. T. M., Ringle, C. M., & Sarstedt, M. (2021). A Primer on Partial Least Squares Structural Equation Modeling (PLS-SEM). 3. Edition. Los Angeles: SAGE Publications.
- Klein, J.P. & Berger, T. (2013). Internet-based Psychological Treatment for Depression. (Internetbasierte psychologische Behandlung bei Depressionen). Verhaltenstherapie, 23(3), pp. 149-159. doi:10.1159/000354046.

- Mathiasen, K., Andersen, T. E., Riper, H., Kleiboer, A. A., & Roessler, K. K. (2016). Blended CBT versus Face-to-Face CBT: A Randomized non-inferiority Trial. BMC Psychiatry, 16(1), pp. 1-8. doi:10.1186/s12888-016-1140-y.
- Neary, M. & Schueller, S.M. (2018). State of the Field of Mental Health Apps. Cognitive and Behavioral Practice, 25(4), pp. 531–537. doi:10.1016/j.cbpra.2018.01.002.
- Otte, C., Gold, S. M., Penninx, B. W., Pariante, C. M., Etkin, A., Fava, M., Mohr, D. C. & Schatzberg, A. F. (2016). Major Depressive Disorder. Nature Reviews Disease Primers, 2(1), pp. 1-20. doi:10.1038/nrdp.2016.65.
- Weichbroth, P. (2020) Usability of Mobile Applications: A Systematic Literature Study. IEEE Access, 8, pp. 55563–55577. doi:10.1109/ACCESS.2020.2981892.
- WHO (2021). Depression. Available at: https://www.who.int/news-room/factsheets/ detail/depression. (last accessed 2023-02-09).
- Woodford, J., Farrand, P., Bessant, M., & Williams, C. (2011). Recruitment into a Guided Internet Based CBT (iCBT) Intervention for Depression: Lesson learnt from the Failure of a Prevalence Recruitment Strategy. Contemporary Clinical Trials, 32(5), pp. 641-648. doi:10.1016/j.cct.2011.04.013.
- Yen, P. Y. (2010). Health Information Technology Usability Evaluation: Methods, Models, and Measures. Columbia, United States: Columbia University Dissertation Publishing.

Risikobewusstsein als Vertriebsansatz – Wie wir der dunklen Seite der Digitalisierung die Stirn bieten und dadurch Cyber-Versicherungen kalkulierbar halten

John Braun

Cyber-Risiken sind zu einem gesellschaftlichen Problem geworden, das signifikante Teile der Wirtschaftskraft verschlingt. Während Unternehmen noch immer zaudern und Risiken verleugnen, stehen die Zeichen in der Versicherungswirtschaft bereits auf Rückzug. Das Risikobewusstsein ist zentraler Dreh- und Angelpunkt sowohl für den Kunden als auch die Versicherungsunternehmen und den Vertrieb. Verstehen Kunden und Versicherungsunternehmen die tatsächlichen Risiken, können diese sowohl gemindert als auch versichert werden, was dem Vertrieb ermöglicht, seinem Auftrag gerecht zu werden.

Laut einer Bitkom Studie[1] aus dem Jahr 2021 beträgt der jährliche Gesamtschaden durch Cyber-Kriminalität 223 Milliarden Euro. Hierbei wurden ausschließlich die Auswirkungen auf die deutsche Wirtschaft untersucht. Der starke Anstieg dieser Schäden in den letzten Jahren wird besonders deutlich, wenn man betrachtet, wie der weltweite Schaden durch Cyber-Kriminalität angestiegen ist. Während 2013 noch ungefähr 300 Milliarden US-Dollar erhoben wurden, waren es 2020 bereits mehr als eine Billion US-Dollar[2].

Die Versicherungswirtschaft in Deutschland trägt dem Ganzen seit 2012 Rechnung und bietet Versicherungsprodukte zur Absicherung finanzieller Folgen eines Hacker-Angriffes an. Diese werden allerdings bis heute nicht flächendeckend angenommen und viele Unternehmen haben bisher keinen adäquaten Schutz eingekauft.

---

1 https://www.bitkom.org/Presse/Presseinformation/Angriffsziel-deutsche-Wirtschaft-mehr-als-220-Milliarden-Euro-Schaden-pro-Jahr.

2 https://www.mcafee.com/enterprise/en-us/assets/reports/rp-hidden-costs-of-cybercrime.pdf.

1 Warum Unternehmen nicht wissen, wie hoch ihre Cyber-Risiken sind

Cyber-Risiken werden von vielen Unternehmern als abstrakt bezeichnet. Bis es tatsächlich passiert ist, will sich niemand darauf festlegen können, welche Auswirkungen ein Cyber-Angriff auf sein Unternehmen haben kann. Es gibt zwei wiederkehrende Tatsachen, die in Beratungsgesprächen zu diesem Thema auffallen und die in allen Unternehmen gleich sind.

Erstens herrscht Unkenntnis über den Grad der Abhängigkeit von den IT-Systemen und der bereits erfolgten digitalen Transformation. Kaum ein Unternehmer oder Geschäftsführer kann diesen auch nur halbwegs exakt benennen oder beziffern. Der schleichende Prozess der Umstellung über die letzten 30 Jahre und die permanente Verfügbarkeit der Systeme führt dazu, dass sich niemand mehr erinnert, wie die Arbeit ohne sie vonstattenging. Die KPI von vor drei Generationen sind in der Regel nicht mehr verfügbar.

Zweitens wird die IT auf ihre Kosten reduziert. Die meisten Unternehmer können genau sagen, was ihre IT sie kostet. Leider fehlt in den Köpfen ein klarer Gegenposten an Produktivitätsgewinn. Auch hier liegt die Ursache darin, dass die Umstellung von analog auf digital in den meisten Unternehmen seit über 30 Jahren andauert und die vielen kleinen Performance-Gewinne der Vergangenheit als gegeben hingenommen werden.

Ein 1:1-Vergleich der Produktivität mit einem Arbeitsplatz vor der Digitalisierung könnte das Problem lösen und aufzeigen, welche Auswirkungen es hätte, wenn man plötzlich auf die Schreibmaschine und den Brief zurückgreifen müsste. In produzierenden Unternehmen heißen die Werkzeuge anders, aber die Wirkung bleibt die Gleiche.

2 Lösungsansätze für die Evaluierung von Cyber-Risiken

In einem stark vereinfachten Ansatz, der die Komplexität der Abhängigkeit und die mittlerweile fehlenden analogen Alternativen nicht berücksichtigt, kann man einen Blick auf das Bruttoinlandsprodukt werfen, dessen Veränderung über die letzten 30 Jahre maßgeblich durch die Digitalisierung geprägt war. Während 1991 rund 1,6 Billionen

Euro erwirtschaftet wurden, waren es 3,6 Billionen Euro in 2021[3]. Bei dieser stark vereinfachten Sicht bleibend, ließe sich ableiten, dass die gemittelte Auswirkung eines IT-Ausfalls bei mindestens 50 % liegt. Je nach Wirtschaftszweig wird dieser Wert in die eine oder in die andere Richtung ausschlagen.

Dies wird auch widergespiegelt, wenn man sich die jährlichen Risikobarometer[4] anschaut und dabei feststellt, dass Cyber-Kriminalität in den vergangenen Jahren immer einen der Spitzenplätze belegt hat. Eine Trendumkehr ist weder zu erkennen noch zu erwarten.

Doch der Versicherungsansatz für diese neuen und sehr dynamischen Risiken ist der Gleiche wie für alle anderen. Die Versicherungsbranche tut sich schwer, eine der Dynamik des Risikos angemessene Betrachtungsweise zu adaptieren. Die steigenden Schadenquoten werden mit stärker steigenden Prämien und Risikoausschlüssen beantwortet, die die Absicherung für Unternehmen unattraktiv machen.[5] Hinzu kommen steigende Sicherheitsanforderungen, die als Vorsichtmaßnahme nur grob beschrieben werden.

Die hier entstehende Lücke zwischen der unkonkreten Anforderung und einer geeigneten Umsetzung, die auf das jeweilige Unternehmen angepasst ist, soll von jemand anderem geschlossen werden. Doch der Unternehmer, der sein eigenes Risiko kaum beziffern kann, fühlt sich auf verlorenem Posten, wenn er entscheiden soll, welche Investitionen in die Sicherheit die richtigen und angemessenen sind.

Ein individueller Blick in die Risikosituation und die angemessenen Sicherheitsmaßnahmen eines Unternehmens hilft dabei, die Balance zwischen Risikoreduzierung und Absicherung zu finden, wodurch für beide Seiten eine gute und entsprechend kalkulierbare Lösung gefunden werden kann. Leider ist dieser individuelle Ansatz sehr kostenintensiv und kann derzeit ausschließlich durch Experten geliefert werden, die dem Markt nur in geringer Anzahl zur Verfügung stehen.

---

3 https://www.sozialpolitik-aktuell.de/files/sozialpolitik-aktuell/_Politikfelder/Finanzierung/Datensammlung/PDF-Dateien/abbII41.pdf.

4 https://www.agcs.allianz.com/news-and-insights/reports/allianz-risk-barometer.html.

5 https://finlex.io/news/schadenzahlungen-in-der-cyber-versicherung-steigen-erheblich-finlex-bestaetigt-gdv-statistik/, https://www.versicherungsmagazin.de/rubriken/branche/cyber-versicherung-praemien-verdoppelt-limits-gesenkt-2479186.html.

Die dynamische Entwicklung sowohl auf der Risiko- als auch auf der Anwendungsseite führt dazu, dass die Balance regelmäßig neu hergestellt werden muss. Jeder neue Prozess und jeder Digitalisierungsschritt muss mit seinem Einfluss auf die Risikosituation eines Unternehmens gedacht und umgesetzt werden. Die Überprüfung der Ist-Situation darf nicht erst nach einem Jahr oder noch später erfolgen, denn jede Veränderung im Unternehmen kann neue Lücken schaffen, während gleichzeitig jeden Tag neue Angriffsvektoren erdacht und verprobt werden, die Bedrohungen für etablierte Systeme bedeuten können.

Ein moderner Versicherungsschutz muss sich genauso schnell entwickeln, wie das Risiko, welchem er begegnen soll. In den Staaten haben sich mit at-bay[6] und Coalition[7] seit 2016 die ersten Unternehmen geformt, welche dem Cyber-Risiko in einer agileren Form begegnen wollen, als es die etablierten Wettbewerber tun.

Der Ansatz ist im ersten Schritt simpel und dennoch wirkungsvoll. Die nach außen sichtbare IT-Infrastruktur wird mit Hilfe eines Scanners untersucht. Potenzielle Schwachstellen werden sichtbar gemacht. Die Wahrscheinlichkeit eines erfolgreichen Angriffes wird berechnet. Eine Entscheidung für oder gegen die Abgabe eines Versicherungsangebotes wird getroffen.

Bis hierher unterscheidet sich der Ansatz nicht von klassischen Marktteilnehmern, die gleichermaßen Scans einsetzen, aus denen sie eine Bewertung ableiten, die am Ende Einfluss auf den Preis einer Versicherung hat oder sogar die Ablehnung verursacht.

Der Unterschied liegt im Detail. Während im klassischen Modell die Technik und Einschätzung eines dritten Marktteilnehmers verwendet wird, setzen die Pioniere aus den Staaten darauf, dass sie die Ergebnisse verstehen und entsprechend interpretieren. Die technischen Berichte enthalten viele Informationen, die für sich genommen keine Aussage über das tatsächliche Risiko treffen. Sie zeigen Erkenntnisse auf, die interpretiert werden müssen. Diese Interpretation ist der erste wichtige Schritt, der zu einer individuellen Risikoeinschätzung führt.

6 https://www.at-bay.com.
7 https://www.coalitioninc.com.

3 Technisches Verständnis als größte Hürde

Nehmen wir TLS als Beispiel. Es handelt sich hierbei um Verschlüsselungsprotokolle zur sicheren Datenübertragung im Internet. Vielen dürfte in diesem Zusammenhang auch die Vorgängerbezeichnung SSL im Kopf geblieben sein. Es ist ein Leichtes zu überprüfen, ob die Domain eines Kunden beim Empfang von Daten ein gewisses Mindestmaß an Sicherheit voraussetzt oder ob sie einfach alles annimmt, was kommt. Insbesondere beim E-Mail-Server wird ganz genau darauf geachtet.

Genau wie auch der Rest der Informationstechnik, hat sich die Verschlüsselung immer weiterentwickelt. Die Transportverschlüsselung hat dabei folgende Schritte durchlaufen:

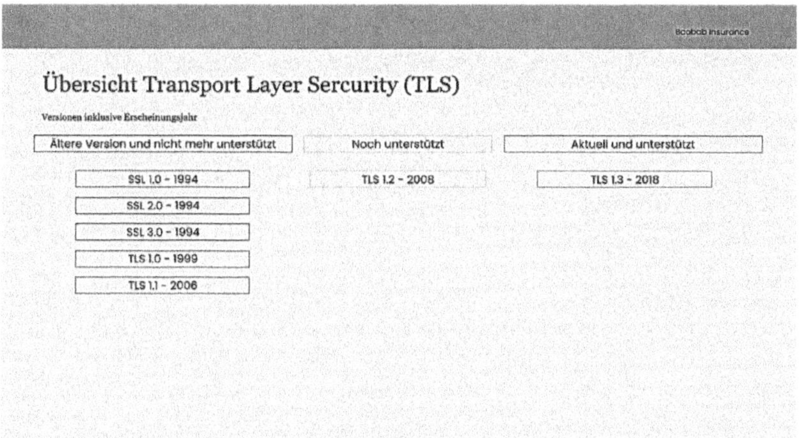

Abb. 1: Übersicht Transport Layer Security (TLS)

Mit Ausnahme der letzten beiden gelten alle vorangegangenen Versionen als überholt[8]. Wird beim Scannen festgestellt, dass ein Unternehmen die als überholt geltenden Versionen der Transportverschlüsselung akzeptiert, wird dies als kritische Sicherheitslücke angesehen. Einige solcher Feststellungen später ist es häufig um den Versicherungsschutz geschehen.

8 https://de.wikipedia.org/wiki/Transport_Layer_Security.

Doch beim genaueren Hinsehen kann sich das von dieser Tatsache ausgehende Risiko relativieren oder es kann sogar komplett vernachlässigt werden. Immer häufiger nutzen Unternehmen auch hierzulande Cloud-Angebote. Einige von ihnen wissen nicht einmal, dass sie das tun, weil sie nur ganz bestimmte Services verwenden. Besonders beliebt ist es, keine eigenen E-Mail-Server mehr vorzuhalten, sondern Office 365 oder die Google Suite zu benutzen und seine E-Mails von diesen Diensten zustellen und verarbeiten zu lassen.

Sowohl diese als auch andere Anbieter für E-Mails fallen dabei auf, dass sie in aller Regel bis TLS1.0 rückwärts alles akzeptieren. Die Entscheidung darüber trifft in diesen Fällen der Betreiber und nicht der Nutzer. Der Betreiber trifft dabei auch die Entscheidung für weitere Sicherheitsmaßnahmen, die für den Scan nicht sichtbar sind, beziehungsweise die nicht automatisiert erkannt werden. Es kommt in aller Regelmäßigkeit vor, dass Scans richtige Ausschläge anzeigen, die durch fehlende Validierung zur Abwertung guter Risiken führen. Leider werden solche Fakten auch durch IT-Dienstleister oder Verantwortliche genutzt, um die Wertigkeit der Scans in Frage zu stellen. Was dabei auf der Strecke bleibt, ist die Sicherheit und die Versicherbarkeit der Unternehmen.

4 Vorsprung durch Wissen

Neben der exakten Validierung aller Prüfkriterien eines solchen Scans arbeiten diese neuen Anbieter mit Partnern zusammen, die die gefundenen Sicherheitslücken zu schließen wissen. Mit Hilfe dieser Angebote gelingt es ihnen, auch mit Kunden in Verbindung zu bleiben, die zum Zeitpunkt des ersten Kontaktes noch nicht versicherbar sind, aber verstanden haben, dass IT-Risiken Geschäftsrisiken sind und deren Bewältigung eine Aufgabe des obersten Managements darstellt.

Durch die Partnerschaften mit den Sicherheitsdienstleistern erhalten sich die oben genannten Anbieter nicht nur den Wissensvorsprung gegenüber ihren Mitbewerbern, sie bauen auch eine besonders feste Beziehung zu ihren Kunden auf, denn sie kommen ihren Kunden nicht nur im Schadenfall zur Hilfe, sondern begleiten sie auch auf dem Weg zu einer resilienteren IT-Infrastruktur.

Als Wegbereiter und -begleiter können diese Unternehmen jedoch nur wahrgenommen werden, wenn sie nachhaltig agieren und ihre Kunden während der gesamten Vertragslaufzeit im Blick behalten, denn wie eingangs erwähnt, ändern sich die sicherheitsrelevanten Tatbestände in deutlich kürzeren Zeiträumen, als sich die Versicherungspolicen erneuern. Ein weiterer wichtiger Leistungsbaustein neben den vorgenannten ist die Sofortbenachrichtigung beim Aufkommen neuer Sicherheitslücken.

Auch auf dem deutschen Markt gibt es Anbieter, die eine entsprechende Strategie verfolgen.

In der kurzen Zeit seit deren Go-Live am 01.09.2022 war das Bekanntwerden der Fortinet-Sicherheitslücke (CVE-2022-40684) am 09.10.2022 ein erster eindrucksvoller Beweis dafür, wie wertvoll eine permanente Überwachung der nach außen sichtbaren IT für Kunden und Versicherungsmakler ist. Innerhalb eines Tages wurden die Fortinet-Nutzer im Bestand auf die bestehende Update-Möglichkeit hingewiesen, bevor es zum Schaden gekommen ist.

Im direkten Vergleich dazu steht ein Vorfall, den ein Versicherer auf einer Fachkonferenz Ende September 2022 vorgetragen hat. Es ging hierbei um die Hafnium-/Exchange-Sicherheitslücke, die im Vorjahr zu Tausenden von Schäden geführt hat. In Kooperation mit einem Scan-Dienstleister konnte jener Versicherer innerhalb von drei Wochen nach Bekanntwerden der Sicherheitslücke feststellen, welche seiner Kunden eigene Exchange-Server betrieben und somit vermutlich zu den Geschädigten gehören würden. Das Bundesamt für Sicherheit in der Informationstechnik hatte seinerzeit nach drei Tagen gemeldet, dass man davon ausgehen sollte, dass der eigene Exchange Server korrumpiert wurde.

Die Vorreiter aus den Staaten können dieses gute Gefühl zusätzlich mit Daten aus den letzten fünf Jahren der Geschäftstätigkeit belegen. Sie zeigen, dass ihre Portfolien sowohl in Bezug auf die Eintrittswahrscheinlichkeit als auch in Bezug auf die Schadenhöhe um mehr als 30 % besser laufen als die der klassisch agierenden Mitbewerber.

Das Geschäftsmodell schafft Vorteile auf den Seiten aller Beteiligten. Der Risikoträger kann ohne große Investitionen einen innovativen Geschäftsansatz verfolgen, seinen Marktanteil im Cyber-Markt erhöhen und darf trotz sehr weitreichender Bedingungen erwarten, dass seine Schadenkosten geringer sind als im klassischen Modell. Der Versicherungsmakler bietet seinen Kunden ein erstklassiges Versicherungsprodukt, was gleichzeitig dabei unterstützt, Schäden zu vermeiden, was wiederum dem Kunden den Stress erspart, in einer Notsituation die Qualität des Produktes zu testen.

5 Wie die Zukunft des Cyber-Marktes aussehen könnte

Die automatisierte Untersuchung der nach außen sichtbaren IT ist naheliegend, denn sie entspricht dem Vorgehen der Angreifer. Hierbei wird die Zukunft vor allem eine Erhöhung des Automatisierungsgrades bringen. Sowohl auf der Seite der Scan-Technik als auch auf der Seite der Interpretation der gefundenen Daten. Dies wird zum einen die Einschätzung der Unternehmen und zum anderen den Antragsprozess erleichtern, da verschiedene Punkte der technischen und organisatorischen Maßnahmen nicht mehr separat abgefragt werden müssen.

Ein weiterer wichtiger Schritt kann es werden, die Unternehmen von innen zu scannen. Diese Scans würden nicht nur der Einschätzung der Versicherbarkeit gelten, sondern gleichzeitig auch aufzeigen, wie gut die theoretisch beschriebenen Sicherheitsmaßnahmen im Unternehmen umgesetzt sind. Auch diese Art der Untersuchungen kann wiederum Risikofragen ersetzen, erfordert jedoch ein hohes Maß an Vertrauen, da sie nicht ohne Software auskommt, die im Netzwerk des Versicherten ausgeführt werden muss.

Werden hierbei Abweichungen von „Best Practises" in den Sicherheitseinstellungen festgestellt, können diese durch Handreichungen der jeweiligen Dokumentation behoben werden. Die Steigerung der Transparenz im Bereich Informationssicherheit führt neben der Behebung von Sicherheitslücken auch dazu, dass Dienstleister in diesem Umfeld besser eingeschätzt und verglichen werden können. Kleine und mittelständische Unternehmen erhalten somit endlich einen tieferen Einblick in die Materie, ohne selbst Sicherheitsexperten vorzuhalten oder auszubilden.

Aus gesamtwirtschaftlicher Sicht werden auf diesem Weg wichtige Ressourcen gespart, die besser für Wachstum und Stabilisierung eingesetzt werden können.

Wenn wir es zusätzlich noch schaffen, die Ausbildung der Anwender zu verbessern, ohne ihnen Neugier und Hilfsbereitschaft, die die häufigsten Einfallstore für Phishing und Social-Engineering sind, komplett abzutrainieren, dann kann das gesellschaftliche Problem der Cyber-Kriminalität zwar noch nicht vollständig gelöst aber doch ausreichend unter Kontrolle gebracht werden, um es auf ein erträgliches Maß zurückzudrängen.

Innovatives Schadenmanagement – Wie Technologie die Wertschöpfungskette bei Versicherungsunternehmen revolutioniert

Dr. Sebastian Schoenen/Dr. Andreas Witte

1 Einleitung

Mit Voraussagen der Zukunft soll man bekanntermaßen vorsichtig sein. Eines lässt sich jedoch sicher sagen: Der technologische Fortschritt ermöglicht Unternehmen bereits heute, aber auch in der Zukunft, ihre bisherige Wertschöpfungskette unter Einsatz von (neuen) Technologien immer weiter zu optimieren bzw. zu revolutionieren. Die Technologisierung der Wertschöpfungskette ist dabei so entscheidend, dass Unternehmen, die dies nicht erkannt haben, ihre Wettbewerbsfähigkeit verlieren [1, 2]. Ein Positivbeispiel für die Automotive-Branche könnte Tesla sein. Vor allem als Technologieführer im Bereich Connected Cars [3] hat Tesla seine Wertschöpfungskette optimiert und sich einen Marktvorteil verschafft, der zu seinem Erfolg beigetragen hat [4]. Auch die Versicherungsbranche hat erkannt, dass der Einsatz von Technologie ein entscheidender Erfolgsfaktor zur Erreichung ihrer Ziele (u.a. Steigerung der Kundenzufriedenheit, Senkung des Schadenaufwands etc.) ist. Das Unternehmen Lemonade beispielsweise ermöglicht durch den Einsatz von künstlicher Intelligenz kostengünstige Hausratversicherungen und deckt in diesen für seine Kunden trotzdem den Großteil der Gefahren (z.B. Feuer, Rauch, Einbruch etc.) ab [5].

Der folgende Artikel setzt sich damit auseinander, wie speziell KFZ-Versicherungsunternehmen konkurrenzfähig bleiben können, indem sie Technologien zur Optimierung ihrer Wertschöpfungskette nutzen. Zu diesem Zweck werden zunächst aktuell existierende Anwendungsfälle von Technologien im KFZ-Schadenbereich aufgezeigt und anschließend neue innovative Einsatzperspektiven geschildert. Wichtig ist dabei immer, das ideale Gleichgewicht zwischen Kundenzufriedenheit, Schadenaufwand und Prozesseffizienz im Blick zu behalten

[6]. Außerdem nimmt die Nachhaltigkeit als weitere Dimension einen immer größeren Stellenwert bei Unternehmen ein und sollte in diesem Gleichgewicht berücksichtigt werden [7]. Die Schwierigkeit bei der Ermittlung des Gleichgewichts ergibt sich durch die möglichen Konflikte zwischen den genannten Optimierungsdimensionen. So kann eine hohe Automatisierung zu einer hohen Prozesseffizienz, aber möglicherweise ebenfalls zu einem höheren Schadenaufwand führen, wenn Betrugsfälle oder ungerechtfertigte Ansprüche nicht erkannt werden [8].

Anwendungsfälle von Technologien existieren schon heute entlang der gesamten Schadenwertschöpfungskette einer KFZ-Versicherung (exemplarisch dargestellt in Abbildung 1). Simplifiziert besteht die Wertschöpfungskette im Groben aus fünf Prozessschritten: dem eigentlichen Schadenereignis, der Schadenmeldung, der anschließenden Schadensteuerung, der Schadenabwicklung sowie dem Fallabschluss. Schon heute verwenden vereinzelt Versicherungen beim Schadenereignis die in Fahrzeugen verbauten Sensoren, um den Schaden direkt an die Versicherung zu melden, was die Zeit vom Unfall bis zur Schadenmeldung signifikant verkürzt [9]. Ein weiterer Anwendungsfall ist die Aufnahme des Schadens mittels z.B. einer Web-App. Bei diesem Prozess kann der Kunde bei der Bildaufnahme zu Dokumentationszwecken durch KI-Modelle unterstützt werden, um sicherzustellen, dass ideale Schadenbilder hinsichtlich Perspektive und Qualität aufgenommen werden [10, 11]. Dadurch werden zeitaufwendige Anschlussprozesse zur Nachforderung von angemessenen Schadenbildern durch Sachverständige vermieden sowie die Kundenzufriedenheit durch einen gut geführten Self-Service-Prozess gesteigert. Auch bei den anderen Prozessschritten der Wertschöpfungskette sind Technologien im Einsatz, um diese, unter Berücksichtigung der oben erwähnten Dimensionen, zu optimieren. Beispiele sind die Nutzung von Bilderkennung zur Schadenhöhenfeststellung sowie der Schadensteuerung, wodurch u.a. eine pauschale Auszahlung in wenigen Minuten angeboten werden kann [12]. In der Schadenabwicklung ist der Einsatz von 3D-Druck möglich, um Einzelteile noch vor Eintreffen des beschädigten Fahrzeugs anzufertigen und direkt zu verbauen. Dies reduziert nicht nur die Reparaturzeit in der Werkstatt, sondern auch den CO2-Fußabdruck, da keine Anlieferung der Ersatzteile notwendig ist [13]. Zusätzlich sind bereits in der Schadenabwicklung KI-Modelle im Einsatz, die automatisiert entscheiden, ob Gutachten,

Kostenvoranschläge oder Rechnungen zu einem Schadenfall prüfwürdig sind, also manuell durch einen Kfz-Experten kontrolliert werden sollten und welche automatisiert freigegeben werden können [14]. Dies erhöht die Automatisierung des Prozesses deutlich, hat jedoch keinen negativen Einfluss auf den Schadenaufwand, da weiterhin alle prüfwürdigen Fälle kontrolliert und somit keine ungerechtfertigten Auszahlungen vorgenommen werden. Schlussendlich muss über den gesamten Prozess sichergestellt werden, dass potenzieller Betrug erkannt und verhindert wird. In der deutschen Versicherungsbranche beträgt der Schaden durch Betrug bereits heute 5 Mrd. Euro [15]. Die Betrugsquote wird steigend sein, wenn vor allem bei steigenden Automatisierungsquoten Betrugsfälle nicht maschinell identifiziert werden können [8]. Für eine maschinelle Identifikation von Betrugsfällen eignen sich bereits heute KI-Algorithmen, die alle Daten und Bilder des Schadenfalls prüfen und präventiv betrugsverdächtige Fälle an einen Spezialisten aussteuern [16].

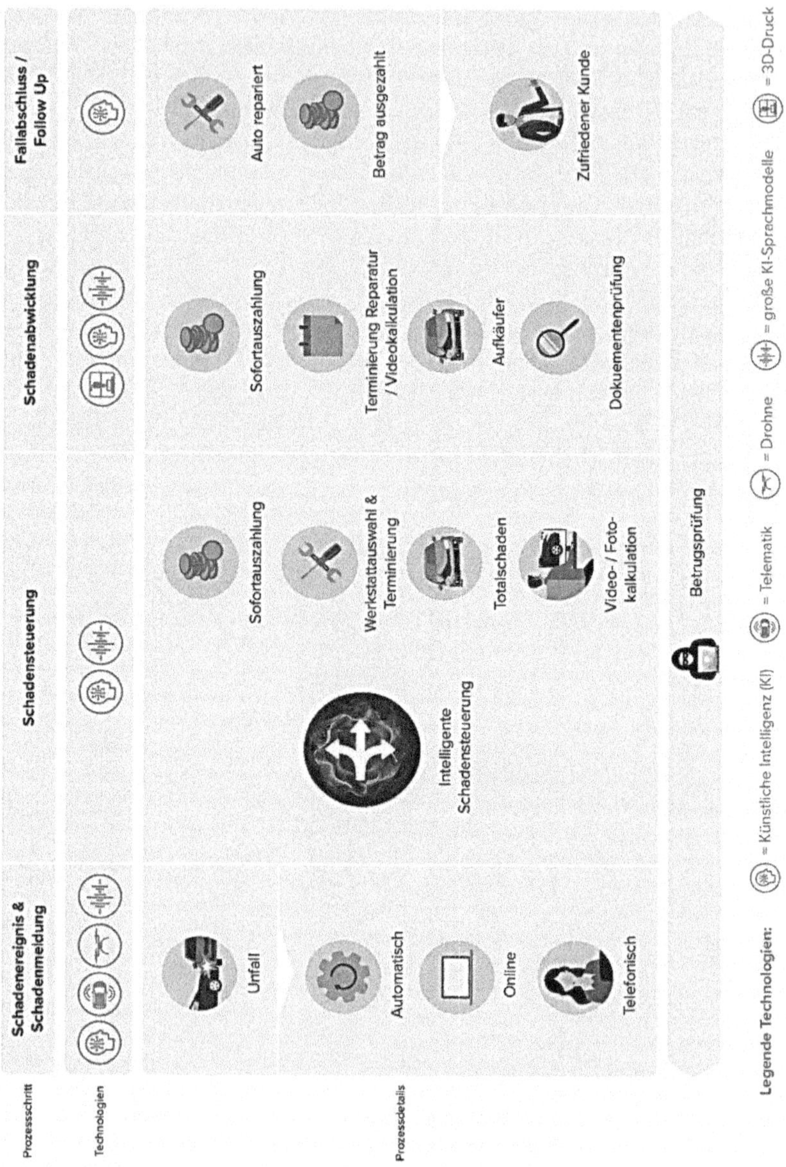

Abb. 1: Wertschöpfungskette im KFZ-Schadenfall [17].
Quelle: Eigene Darstellung

Die angedeuteten Anwendungsfälle entlang der Wertschöpfungskette der Schadenabwicklung verdeutlichen das Optimierungspotenzial durch den Einsatz von Technologie, immer unter Berücksichtigung der eingangs erwähnten Dimensionen: Kundenzufriedenheit, Schadenaufwand, Prozesseffizienz und Nachhaltigkeit. Einerseits wird Technologie dabei helfen, die bereits bestehenden, teilweise komplexen Prozesse weiter zu optimieren.

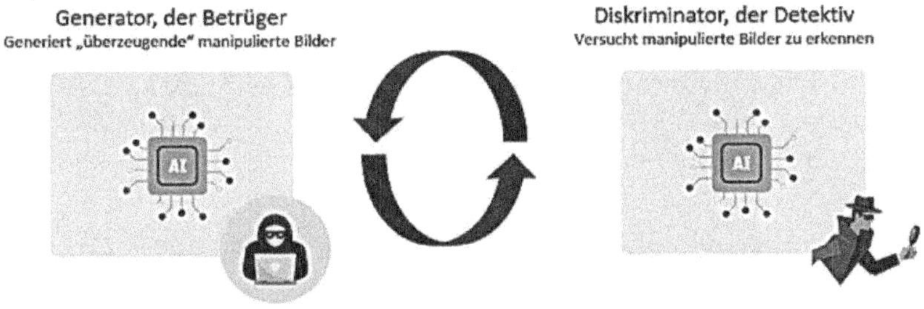

Abb. 2: Schematische Darstellung von GANs.
Zwei neuronale Netze spielen ein Spiel gegeneinander: Der Generator (oder Betrüger) versucht, überzeugende Schäden auf Bildern zu generieren. Der Diskriminator (oder Detektiv) versucht, diese Manipulationen zu erkennen. Während des Trainings werden sowohl Generator als auch Diskriminator durch Feedback des jeweils anderen immer besser. Die erzeugten manipulierten Bilder vom Generator können für die Entwicklung von Modellen zur Erkennung von Bildmanipulation genutzt werden. Der Diskriminator kann genutzt werden, um Bildmanipulation bei Versicherungsschäden aufzudecken.
Quelle: Eigene Darstellung

Andererseits können durch den Einsatz neuer Technologien bzw. technologischer Weiterentwicklungen neue innovative Möglichkeiten entstehen, um Prozesse entlang der Schadenwertschöpfungskette neu zu denken und zu gestalten. Der folgende Abschnitt zielt darauf ab, weitere technologische Ansätze für die Schadenabwicklung im KFZ-Bereich aufzuzeigen.

2 Automatische Bilderkennung

Eine technologische Perspektive bietet die Schlüsseltechnologie der **automatischen Bilderkennung**, auch als Computer Vision bekannt. Bereits heute sind Bilder für Versicherungsunternehmen ein essenzieller Bestandteil bei der Abwicklung von KFZ-Schäden. In den aktuellen Prozessen werden diese Bilder oft durch Sachverständige, Werkstätten und Makler aufgenommen. Doch immer häufiger kommen Apps oder Web-Apps [18, 19] für Smartphones zum Einsatz, mit Hilfe derer Versicherungsnehmer oder Geschädigte ihre Schadenbilder aufnehmen und an die Versicherungsunternehmen verschicken können. Durch den Einsatz moderner Bilderkennungstechnologien, wie z.B. Deep-Learning-Modellen, kann anhand der eingereichten Bilder der Schaden am Fahrzeug automatisch erkannt, bewertet und die Reparaturkosten ermittelt werden, was eine Bestimmung des Schadenaufwands in nahezu Echtzeit ermöglicht [20, 21, 22]. Damit diese Technologie erfolgreich entlang der Schadenwertschöpfungskette eingesetzt werden kann, gilt es, verschiedene Kernaspekte zu beachten, auf die im Folgenden eingegangen wird.

2.1 Kernaspekt – Sicherheit (oder Authentizität von Bildern)

Wenn Bilder automatisch verarbeitet werden und die darauf basierenden Ergebnisse allein z.B. zu einer Direktauszahlung und zur Regulierung des Schadens führen können (d.h. Straight-Through-Processing eines Schadenfalls), dann muss in diesen Prozessen sichergestellt werden, dass die zur Automatisierung verwendeten Bilder authentisch[1] sind. Um dem Bedürfnis nach Sicherheit in bildbasierten Prozessen ganzheitlich gerecht zu werden, müssen sich Versicherungsunternehmen vor verschiedenen Angriffsszenarien schützen.

Das wohl naheliegendste Betrugsszenario bei Bildern ist die Manipulation von Bildinhalten, d.h. die Veränderung von Pixeln eines Bildes. Die Manipulation von Bildern wird in Zeiten von Bildverarbeitungsprogrammen [23] und Deep-Fakes [24] immer einfacher und ist mittlerweile auch schon für Nicht-Experten relativ einfach zugänglich. Ein Beispiel für Deep-Fakes ist das realistische Austauschen von Gesichtern in Fotos oder Videos durch Techniken der künstlichen Intelligenz. Auch jenseits von Bildverarbeitungsprogrammen gibt es Algorithmen, z.B. Generative Adversarial Networks (GANs, siehe Abbildung 2) [25], denen man beibringen kann, manipulierte Bilder automatisiert

1 Bilder sind authentisch, wenn deren Inhalte u.a. plausibel oder nicht manipuliert sind, oder für die auf ihnen dokumentierten Schäden nicht schon mal in früheren Schadenfällen ein Anspruch geltend gemacht wurde.

zu generieren und zu detektieren. Denkbar sind z.B. Vergrößerungen von bestehenden Beschädigungen, das Einfügen von Dellen oder das Kopieren und Einfügen von bereits bestehenden, beschädigten Bereichen [26]. Vor allem im Jahr 2022 gab es dazu im Bereich der allgemeinen künstlichen Intelligenz Fortschritte [27]. Mittlerweile ist es bereits möglich, innerhalb von Sekunden und ohne jegliches Expertenwissen aus einem Text ein Bild zu generieren, welches ein beschädigtes Fahrzeug zeigt und für einen Betrug genutzt werden könnte. DALL-E-2 [28] ist ein im Internet freiverfügbarer KI-Algorithmus, der realistische Bilder basierend auf einer Beschreibung erstellt (siehe Abbildung 3) oder existierende Bilder realitätsgetreu verändert. Somit helfen digitale Technologien nicht nur dabei, Prozesse neu und effizienter zu gestalten, sondern stellen auch neue Handwerkszeuge für Betrüger dar. Daher wird es in Zukunft wichtig sein, vor allem solche Betrugsszenarien aufzudecken und damit den Betrügern einen Riegel vorzuschieben. Eine Möglichkeit ist die automatische Detektion von manipulierten Schadenbildern durch die Kombination von moderner Bilderkennungstechnologie mit bildforensischen Ansätzen [29]. Dies ermöglicht einerseits eine Klassifizierung, ob ein Bild manipuliert ist oder nicht, und andererseits die Lokalisierung von manipulationsverdächtigen Regionen auf dem Schadenbild. Für Letzteres eignen sich z.B. Segmentierungsansätze (siehe Abbildung 4 rechts).

Abb. 3: Mit DALL-E 2 [28] generierte Beispielbilder für die Beschreibung „Toyota Corolla with front bumper damage, on a parking lot, realistic".

Quelle: Eigene Darstellung

Ein weiteres Beispiel sind unplausible Unfallereignisse, die sich z.B. anhand widersprüchlicher Metadaten der Bilder (EXIF-Daten) aufdecken lassen. Hiermit lassen sich u.a. Fragen beantworten, wie: Passt das Schadendatum zum Aufnahmedatum der Schadenbilder? Oder sind die Aufnahmeorte der Schadenbilder plausibel (z.B. Aufnahmeorte der Schadenbilder einmal München und einmal Köln)? Eine Lösung zur Plausibilisierung des Unfallereignisses ist die Analyse der eingangs erwähnten EXIF-Daten in Kombination mit den Inhalten von Bildern, welche sich mit Hilfe moderner Bilderkennungstechnologien extrahieren lassen. Werden nun Bilder eingereicht, auf denen der Schaden dokumentiert ist und deren Aufnahmedatum vor dem eigentlichen Schadendatum liegt, wird dieser Schadenfall als unplausibel eingestuft und kann an einen Experten ausgesteuert werden.

Auch dubiose Schadenmuster, die auf mutwillige Beschädigungen hindeuten, stellen ein Risiko dar. Ein prominentes Beispiel dafür sind Streifschäden entlang der gesamten Fahrzeugseite. Solche Schäden können in Schadengutachten als sehr aufwendig in der Reparatur dargestellt werden und führen somit vor allem bei hochwertigen Fahrzeugen zu hohen Reparaturkosten. Andererseits lassen sich diese Schäden ohne den Einsatz von teuren Ersatzteilen wieder instand setzen. Aufgrund der großen Differenz zwischen den bei der Versicherung geltend gemachten Reparaturkosten und den tatsächlich entstandenen Kosten eignen sich diese Schäden ideal für Versicherungsbetrug. Auch hier können durch den Einsatz von Bilderkennungstechnologie auffällige Streifschäden auf hochwertigen Fahrzeugen automatisiert erkannt und an Experten ausgesteuert werden.

Um zu verhindern, dass Betrüger Ansprüche zu ein und demselben Schaden nicht mehrfach geltend machen, können Algorithmen eingesetzt werden, die mit Hilfe von Bilderkennungstechnologie zu jedem Schadenbild einen einzigartigen Fingerabdruck des Schadens generieren und diesen in einer hochverfügbaren Datenbank ablegen. Die verwendeten KI-Ansätze und Algorithmen sind ähnlich zu denen in einer Gesichtserkennungs-Software [30]. Durch den Einsatz moderner Suchalgorithmen [31] kann ein Schaden, abgelichtet aus unterschiedlichen Perspektiven und unter unterschiedlichen Umgebungsbedingungen, in Echtzeit unter Millionen von Schadenfällen wiedergefunden werden.

Originalbild *Manipuliertes Bild* *Erkannte Region der Bildmanipulation*

Abb. 4: Erkennung von Bildmanipulationen.
Quelle: Eigene Darstellung

Prinzipiell könnten sogar versicherungsübergreifend mehrfach eingereichte Schäden identifiziert werden.

Unstimmigkeiten zwischen bereits vorliegenden Fahrzeuginformationen und den auf Bildern dokumentierten Informationen stellen ebenfalls mögliche Risiken dar. Mit Hilfe moderner Bilderkennungsmethoden lassen sich aus den Bildern Informationen wie Fahrzeughersteller, -modell, -farbe, das amtliche Kennzeichen und die Fahrzeugidentifikationsnummer (FIN) extrahieren, die dann z.B. mit den Informationen aus den Bestandsdaten eines Versicherten abgeglichen werden können. Hierbei ist die Herausforderung, dass bei einer Unstimmigkeit nicht unbedingt betrügerische Absichten vorliegen müssen, da häufig nicht nur der eigene Schaden, sondern auch der des Unfallgegners, dokumentiert wird. Schadenfälle mit Unstimmigkeiten müssen daher nicht sofort an einen Betrugsexperten ausgesteuert werden, sondern können in andere Prozesse, z.B. eine manuelle Video- oder Fotokalkulation (siehe Abbildung 1) gesteuert werden, in denen Unstimmigkeiten durch menschliche Intervention ausgeräumt werden können.

Der Einsatz von moderner Bilderkennungstechnologie ermöglicht somit nicht nur die automatische Bestimmung von Reparaturkosten basierend auf Bildern, sondern bietet zeitgleich auch die Möglichkeit eines Echtzeitschutzes durch die Integration verschiedener Module zur Betrugsprävention in Prozesse der Schadenabwicklung, überall dort wo Bilder prozessiert werden müssen. Somit sorgt der Einsatz dieser Technologie nicht nur für die Senkung des manuellen Aufwands bei Sachbearbeitern, sondern reduziert auch das Risiko von ungerechtfertigten Auszahlungen [32].

Ausgangsbild | *Segmentierung von 71 Fahrzeugteilen* | *Heatmap*

Abb 5.: Bilderkennungstechnologien für die präzise Bestimmung von beschädigten Bauteilen und somit einer detaillierten Schadenbeschreibung.

Quelle: Eigene Darstellung

2.2 Kernaspekt – Qualität

Damit Bilder sich für die automatische Abwicklung eines Schadenfalls eignen, muss bereits bei der Aufnahme der Bilder eine hohe Qualität sichergestellt werden, z.B. hohe Auflösung, wenig Unschärfe, wenig Rauschen oder vorhandene EXIF-Daten. Zudem müssen die für die Schadenabwicklung relevanten Informationen auf den Bildern gut ersichtlich dokumentiert sein, z.B. das amtliche Kennzeichen, der Fahrzeugschein, Perspektivaufnahmen des Fahrzeugs und ein gut erkennbarer Schaden. Durch den Einsatz eines geführten Aufnahmeprozesses z.B. in Form einer Web-App [18, 19] in Kombination mit Bilderkennungstechnologie kann dem Nutzer ein Echtzeit-Feedback gegeben werden, sodass er Bilder mit niedriger Qualität direkt korrigieren und Bilder mit fehlenden Informationen direkt ergänzen kann.

Neben einer hohen Bildqualität ist für die automatische Schadenabwicklung vor allem eine detaillierte und präzise Beschreibung des Schadens essenziell (siehe Abbildung 5). Hierfür eignen sich insbesondere Bilderkennungstechnologien zur pixelgenauen Segmentierung [33] von Fahrzeugteilen (z.B. Stoßfänger, aber auch Einparksensoren) und Schäden (z.B. großflächige Zerstörungen, aber auch kleine Kratzer und Dellen). Dies ermöglicht eine präzise Erfassung des Schadens und die Bestimmung von Größen u.a. wie Schadentyp, -ausmaß und -ort. Auch wenn die Ansätze eher generisch sind, stellen die entwickelten Technologien keine Universallösung dar, sondern müssen anwendungsfallspezifisch optimiert werden.

2.3 Kernaspekt – Erklärbarkeit

Innovative Produkte und Services entlang der Schadenwertschöpfungskette, in denen Schnittstellen zwischen Mensch und Maschine existieren, müssen eine breite Akzeptanz unter Nutzern und vor allem Versicherten finden. Nur wenn die Ergebnisse der Technologie nachvollziehbar und erklärbar sind, kann entsprechendes Vertrauen in Produkte und Services hergestellt werden. Hierfür eignen sich vor allem Bilderkennungstechnologien wie die Objekterkennung oder die Segmentierung von Bildbereichen (siehe Abbildung 5), deren Ergebnisse bereits per Design eine Nachvollziehbarkeit sicherstellen. Zudem existieren verschiedene Algorithmen wie z.B. LIME [34], Grad-CAM [35] oder der Attention-Mechanismus [36], mit denen Ergebnisse von künstlicher Intelligenz und im Speziellen der Bilderkennung nachvollziehbar gemacht werden können. Dies geschieht z.B. durch die Visualisierung der zur KI-Entscheidung beitragenden Pixelregionen.

Auch der Einsatz von künstlicher Intelligenz zur Automatisierung von bestehenden, manuellen Prozessen bedarf einer grundlegenden Akzeptanz von jenen Menschen, deren Arbeit sich durch den Einsatz der Technologie verändern wird. Zum einen müssen Ängste bezüglich des Verlusts des Arbeitsplatzes ernst genommen werden, zum anderen sind Unternehmensprozesse häufig noch wenig digital und sehr auf Sicherheit bedacht, sodass Fehler wenig toleriert werden. Forschungsprojekte wie HUMAINE [37] beschäftigen sich mit der Entwicklung von Human-zentrierter künstlicher Intelligenz, d.h. der Schnittstelle zwischen Mensch und Maschine. Nur wenn alle Beteiligten möglichst früh bei der Entwicklung dieser Schnittstellen mitgenommen werden, kann künstliche Intelligenz erfolgreich in Unternehmen und Prozesse integriert werden, mit dem Ziel, dass Mitarbeiter sich einen Arbeitsalltag ohne Technologie nicht mehr vorstellen können [38].

3 Große Sprachmodelle

Eine weitere Perspektive bietet die Schlüsseltechnologie **großer Sprachmodelle** [39, 40]. Neben Bildern werden in der Kfz-Schadenabwicklung in Deutschland jährlich viele Millionen Dokumente prozessiert. Diese Dokumente müssen verarbeitet und Entscheidungen, z.B. über Auszahlungen, daraus abgeleitet werden. Zudem müssen für die Abwicklung von Schadenfällen Informationen zwischen Geschädigtem und dem Versicherungsunternehmen ausgetauscht werden. Dies geschieht heute noch häufig über Telefon oder E-Mail. In Zukunft werden Schadenmeldungen immer häufiger auch online durchgeführt werden können [41]. Somit sind Dokumente, Texte, Chatverläufe, E-Mails und auch Sprache essenzieller Bestandteil der Abwicklung von KFZ-Schäden. Durch den Einsatz von Sprachmodellen kann die Verarbeitung dieser Informationen effizient und effektiv gestaltet werden [42, 43]. Solche Sprachmodelle benötigen normalerweise viele hunderttausende annotierte Trainingsdaten für einen speziellen Anwendungsfall, um eine hohe Qualität in der Verarbeitung erzielen zu können. Diese Datenmengen liegen in der Realität jedoch selten in strukturierter und qualitätsgesicherter Form vor und müssen daher mit großem zeitlichen Aufwand manuell erstellt werden. Um den Zeitaufwand zu minimieren, werden häufig nur jene Informationen erfasst, die für die Entwicklung des jeweiligen Anwendungsfalls benötigt werden. Daher sind die vorhandenen Trainingsdaten häufig sehr anwendungs- und marktspezifisch, sodass technologische Lösungen basierend auf diesen Daten nicht einfach über verschiedene Anwendungsfälle und neue Märkte skalieren.

Große Sprachmodelle stellen einen Game-Changer für die **Skalierbarkeit und einfache Internationalisierung** von Anwendungsfeldern dar und reduzieren damit die „Time-to-Market“ signifikant. Bereits wenige bis sogar keine Trainingsdaten sind notwendig, um sehr gute Ergebnisse für multiple Sprachen zu erzielen [44]. Eine Herausforderung dieser sehr mächtigen Modelle ist die Kontrolle der gewünschten Ergebnisse, sodass z.B. Hassreden, Rassismus, usw. unterbunden werden können [45]. Unternehmen wie Google, Microsoft, Meta, usw. forschen an Lösungen für diese Herausforderungen. Auch Deutschland und Europa wollen ein großes Sprachmodell im Rahmen des geförderten Forschungsprojekts OpenGPT-X [46] als Teil von der Initiative Gaia-X [47] entwickeln, was europäischen Standards u.a. in Sachen Datenschutz und Ethik gerecht wird. Um solche Modelle trainieren zu können, werden riesige Rechencluster wie der Supercomputer JUWELS am Forschungszentrum Jülich benötigt, damit die sehr großen Modelle und die riesige Datenmenge verarbeitet werden können.

Neben den eigentlichen Technologien bedarf es einer weiteren Schlüsselkomponente, der benötigten **Infrastruktur**, um die erwähnten Technologien entwickeln und betreiben zu können. Wichtige Infrastruktur-Aspekte sind die Verfügbarkeit von Daten und entsprechender Entwicklungshardware (u.a. GPUs), das Vorhandensein von Experten mit dem Wissen über die Entwicklung (u.a. Data Scientists) und den Betrieb der entwickelten Technologien und der dafür benötigen Hardware (u.a. MLOps Engineers).

Die eingangs erwähnte Dimension der **Nachhaltigkeit** ist nicht nur für die Prozesse zur Abwicklung von KFZ-Schäden selbst relevant, sondern auch bereits im Entwicklungsprozess der neuen Technologien wie Bilderkennung oder große Sprachmodelle. Die Entwicklung dieser sehr daten- und rechenintensiven Technologien benötigt aufgrund der immensen Zahl an Rechenoperationen sehr viel Energie [48]. Mit Hilfe spezieller, nachhaltiger Entwicklungsmethoden können Modelle mit ähnlicher Qualität aber mit erheblich niedrigerem Energieeinsatz entwickelt werden [49].

Die Trends der letzten Jahre zeigen das enorme Potenzial von Ansätzen allgemeiner künstlicher Intelligenz, z.B. Modelle wie GPT-3 oder DALL-E 2 [28, 39]. Wie bereits im vorherigen Abschnitt beschrieben, werden für das Training solcher Algorithmen, deren Komplexität stetig anwächst, immer größere Datenmengen und Rechencluster benötigt. Eine mögliche Schlüsselkomponente, um solche komplexen Algorithmen in Zukunft entwickeln zu können, könnten Quanten-Computer sein. Diese haben den Vorteil, dass sie deutlich weniger Rechenoperationen benötigen, um ein Ergebnis erzielen zu können. Aktuelle Forschungsprojekte wie PlanQK [50] beschäftigen sich mit dem Einsatz dieser neuartigen Computer für die Entwicklung von KI-Algorithmen. Für den Kfz-Schadenprozess eröffnet dies die Möglichkeit, auch sehr komplexe Prozesse automatisieren zu können, da ausreichend große KI-Modelle auch komplexeste Sachverhalte verstehen und dafür Lösungen anbieten könnten.

4 Fazit

Die dargestellten Technologien verdeutlichen, wie die daraus entstehenden Innovationen die Wertschöpfungskette bei Versicherungsunternehmen revolutionieren. Bereits heute hat Technologie einen signifikanten Einfluss auf Kundenzufriedenheit, Schadenaufwand, Prozesseffizienz und Nachhaltigkeit entlang der gesamten Schadenwertschöpfungskette. Gleichzeitig eröffnen der technologische Fortschritt und die nächste Generation von KI-Algorithmen in Zukunft weitere, ganz neue Möglichkeiten in der Abwicklung von Kfz-Schäden. Zusätzlich ist die Erwartung von Kund:innen, dass Versicherer ihnen in Zukunft immer schnellere, einfachere und nachhaltigere Prozesse zur Abwicklung von Schäden anbieten können. Diese Erwartungshaltung ist durch die Vielzahl an digitalen Serviceangeboten geprägt, die es heutzutage in nahezu allen Branchen gibt, wie z.B. den Aktienhandel in wenigen Minuten [51]. Die neuen technologischen Möglichkeiten und die Anforderungen des Marktes führen zum einen dazu, dass Versicherungsunternehmen mit der technologischen Entwicklung Schritt halten müssen. Zum anderen müssen sie die Technologien entlang der Wertschöpfungskette einsetzen, um diese zu optimieren, den Kund:innen neue innovative Produkte anzubieten und somit weiterhin wettbewerbsfähig zu bleiben.

Literaturverzeichnis:

[1] Qiio Magazin, „Der Fall Kodak: Erfinder und Opfer der digitalen Fotografie“, 06.01.2020. [Online]. Available: https://www.qiio.de/der-fall-kodak-erfinder-und-opfer-der-digitalen-fotografie/.

[2] F. Pallas, F. Böckermann, O. Götz und K. Tecklenburg, „Investigating Organizational Innovativeness: Developing a Multidimensional Formative Measure“, International Journal of Innovation Management, Bd. 17, Nr. 4, pp. 1-41, 2013.

[3] E. Juliussen, „Connected Car Industry: Big Picture“ 31.07.2020. [Online]. [Zugriff am 01.12.2022].

[4] G. Perkins und J. P. Murmann, „What Does the Success of Tesla Mean for the Future Dynamics in the Global Automobile Sector?“, Cambridge University Press, 31.08.2018.

[5] Handelsblatt, „Lemonade Hausratversicherung im Test & Vergleich“, 09.10.2020. [Online]. Available: https://www.handelsblatt.com/vergleich/lemonade-hausratversicherung/.

[6] Versicherungsforen Leipzig, „Studie Claims Management 2025“, 31.01.2022. [Online]. Available: https://www.versicherungsforen.net/schaden-leistung/studie-claims-management-2025.

[7] S. Schröder, „Nachhaltigkeit – großes Potenzial für Versicherungsunternehmen“, 03.05.2022. [Online]. Available: https://www.adesso.de/de/news/blog/nachhaltigkeit-grosses-potenzial-fuer-versicherungsunternehmen.jsp.

[8] Versicherungsmagazin, „Mit Change Management im Schaden schneller zum Ziel (Teil 1)“, 17.10.2022. [Online]. Available: https://www.versicherungsmagazin.de/rubriken/branche/mit-change-management-im-schaden-schneller-zum-ziel-teil-1-3264996.html.

[9] Versicherungsmagazin, „Automatische Unfallerkennung via Telematik“, 25.07. 2022. [Online]. Available: https://www.versicherungsmagazin.de/rubriken/branche/automatische-unfallerkennung-via-telematik-3204929.html.

[10] Autohaus, „Autohaus“, 19.04.2021. [Online]. Available: https://www.autohaus.de/nachrichten/schadenbusiness/kooperation-mapfre-und-controlexpert-treiben-automatische-ki-schadenerkennung-voran-2879176.

[11] MAPFRE, „MAPFRE wins for AI-driven automatic vehicle damage verification solution“, 18.11.2022. [Online]. Available: https://noticias.mapfre.com/en/mapfre-wins-at-the-cionet-vocento-awards-for-its-ai-driven-automatic-vehicle-damage-verification-solution/.

[12] Frankfurter Allgemeine Zeitung, „Allianz-Software springt bei Blechschäden ein“, 17.01.2022. [Online]. Available: https://www.faz.net/aktuell/wirtschaft/unternehmen/allianz-software-springt-bei-blechschaeden-ein-17734502.html.

[13] „It‘s Digitive“, 2020. [Online]. Available: http://itsdigitive.lfo.tu-dortmund.de/.

[14] ControlExpert GmbH, „ControlExpert Profile 2020 – Expand your vision – Uncover new technologies“, 2020. [Online]. Available: https://www.controlexpert.com/fileadmin/pdf/de-de/CE_Profile_2020_Expand_Your_Vision_DE.pdf.

[15] A. M.-P. Doreen Michaelis, „Das Hinweis- und Informationssystem der deutschen Versicherer – HIS“, Gesamtverband der Deutschen Versicherungswirtschaft e.V., https://www.gdv.de/resource/blob/22238/57a862a758a29769749157db0fc633c9/broschuere---hinweis--und-informationssystem-der-deutschen-versicherer---his--was-es-ist-und-was-es-leistet--data.pdf, 2020.

[16] M. Spindler und H. Kögel, „Erkennung von Versicherungsbetrug“, AI: Science over Fiction, 2020.

[17] ControlExpert GmbH, „ControlExpert Profile 2022 – A New Era“, 2022. [Online]. Available: https://www.controlexpert.com/fileadmin/pdf/de-de/CE_Profile_2022_A_New_Era_DE.pdf.

[18] ControlExpert GmbH, „Easy Claim“, 2022. [Online]. Available: https://controlexpert.com/de-de/highlights/easyclaim/.

[19] AXA, „Easy Claim – die schnelle Kfz-Schadenabwicklung“, 2022. [Online]. Available: https://www.axa.de/easyclaim.

[20] TÜV Rheinland Presse, „Digitale Schadenerkennung und Schadenbewertung bei Kraftfahrzeugen: TÜV Rheinland startet Technologiepartnerschaft mit ControlExpert“, 10.12.2020. [Online]. Available: https://presse.tuv.com/tuev-rheinland-startet-technologiepartnerschaft-mit-controlexpert/.

[21] F. Rinke, „Digitalisierung made in Langenfeld“, 01.08.2019. [Online]. Available: https://rp-online.de/wirtschaft/control-expert-digitalisiert-abwicklung-von-auto-unfall-schaeden_aid-44696749.

[22] E. Frhr. von Kuntze und K. Thätner, „Regulierungspraxis: KI in der Schadenabwicklung“, 31.10.2022. [Online]. Available: https://www.autohaus.de/nachrichten/schadenbusiness/regulierungspraxis-ki-in-der-schadenabwicklung-3272735.

[23] WELT, „Prozess in Bonn: Bande soll 102 Autounfälle erfunden haben“, 10.01.2018. [Online]. Available: https://www.welt.de/regionales/nrw/article172328593/Prozess-in-Bonn-Bande-soll-102-Autounfaelle-erfunden-haben.html.

[24] Bundesamt für Sicherheit in der Informationstechnik, „Deepfakes – Gefahren und Gegenmaßnahmen“, 2022. [Online]. Available: https://www.bsi.bund.de/DE/Themen/Unternehmen-und-Organisationen/Informationen-und-Empfehlungen/Kuenstliche-Intelligenz/Deepfakes/deepfakes_node.html.

[25] I. Goodfellow, J. Pouget-Abadie, M. Mirza, B. Xu, D. Warde-Farley, S. Ozair, A. Courville und Y. Bengio, „Generative Adversarial Networks“, Communications of the ACM, pp. 139-144, 2020.

[26] X. Chen, C. Dong, J. Ji, J. Cao und X. Li, „Image Manipulation Detection by Multi-View Multi-Scale Supervision“, 10.48550/arxiv.2104.06832, 2021.

[27] B. Rotter, „t3n“ 11.09.2022. [Online]. Available: https://t3n.de/news/dall-e-midjourney-diese-erobern-1497260/.

[28] OpenAI, „DALL·E 2“, 06.04.2022. [Online]. Available: https://openai.com/dall-e-2/.

[29] INFOSEC, „Photo forensics: Detect photoshop manipulation with error level analysis“, 25.10.2013. [Online]. Available: https://resources.infosecinstitute.com/topic/error-level-analysis-detect-image-manipulation/.

[30] M. Wang und W. Deng, „Deep face recognition: A survey“, Neurocomputing, Bd. https://doi.org/10.1016/j.neucom.2020.10.081, Nr. 429, pp. 215-244, 2021.

[31] Recast-IT, „Elasticsearch“, 2022. [Online]. Available: https://www.recast-it.com/themen/elasticsearch/.

[32] K. Thätner, „Fachvortrag: Vollautomatische Schadenregulierung ist keine Fiktion mehr“, 31.10.2022. [Online]. Available: https://www.autohaus.de/nachrichten/schadenbusiness/fachvortrag-vollautomatische-schadenregulierung-ist-keine-fiktion-mehr-3272728.

[33] O. Ronneberger, P. Fischer und T. Brox, „U-Net: Convolutional Networks for Biomedical Image Segmentation“, International Conference on Medical Image Computing and Computer-Assisted Intervention, pp. 234-241, 2015.

[34] M. T. Ribeiro, S. Singh und C. Guestrin, „“Why Should I Trust You?”: Explaining the Predictions of Any Classifier“, Proceedings of the 22nd ACM SIGKDD International Conference on Knowledge Discovery and Data Mining, pp. 1135-1144, 2016.

[35] R. R. Selvaraju, A. Das, R. Vedantam, M. Cogswell, D. Parikh und D. Batra, „Grad-CAM: Visual Explanations from Deep Networks via Gradient-Based Localization“, International Journal of Computer Vision, pp. 336-359, 2016.

[36] T. Luong, H. Pham und C. D. Manning, „Effective Approaches to Attention-based Neural Machine Translation“, ArXiv, 2015.

[37] „Humaine“, 2022. [Online]. Available: https://humaine.info/.

[38] Mitarbeiter/-innen ControlExpert, Ruhr-Universität Bochum, KI und Mensch im Erfassungs-/Prüfungsprozess. [Interview]. 23.06.2022.

[39] S. Shead, „Why everyone is talking about the A.I. text generator released by an Elon Musk-backed lab“, 23.07.2020. [Online]. Available: https://www.cnbc.com/2020/07/23/openai-gpt3-explainer.html.

[40] T. B. Brown et al., „Language Models are Few-Shot Learners", arXiv, 2020.

[41] T. Fiedler, „Versicherungsbetriebe" 17.11.2020. [Online]. Available: https://www.versicherungsbetriebe.de/it-itk/2020/digitale-schadenmeldung---win-win-fuer-beide-seiten.html.

[42] A. Vaswani, N. M. Shazeer, N. Parmar, J. Uszkoreit, L. Jones, A. N. Gomez, L. Kaiser und I. Polosukhin, „Attention is All you Need", Advances in Neural Information Processing Systems, 2017.

[43] J. Devlin, M.-W. Chang, K. Lee und K. Toutanova, „BERT: Pre-training of Deep Bidirectional Transformers for Language Understanding" ArXiv, 2019.

[44] G. I. Winata, A. Madotto, Z. Lin, R. Liu, J. Yosinski und P. Fung, „Language Models are Few-shot Multilingual Learners", ArXiv, 2021.

[45] M. Holland, „Heise", 25.01.2021. [Online]. Available: https://www.heise.de/news/Analyse-KI-Sprachmodell-GPT-3-hegt-tief-verankerte-Vorurteile-gegen-Muslime-5034341.html.

[46] „OpenGPT-X", 2022. [Online]. Available: https://opengpt-x.de/.

[47] „Gaia-X", 2022. [Online]. Available: https://www.data-infrastructure.eu/GAIAX/Navigation/EN/Home/home.html.

[48] R. Toews, „Deep Learning's Carbon Emissions Problem", 17.06.2020. [Online]. Available: https://www.forbes.com/sites/robtoews/2020/06/17/deep-learnings-climate-change-problem/?sh=2f7d8ca86b43.

[49] SustAIn-Magazin, „Künstliche Intelligenz: So lässt sie sich nachhaltiger gestalten", 2022. [Online]. Available: https://algorithmwatch.org/de/wp-content/uploads/2022/06/Sustain_Magazin_2022_DE.pdf.

[50] „PlanQK" 2022. [Online]. Available: https://planqk.stoneone.de/.

[51] A. Redmer, „„Generation Trade Republic": Warum der Aktienhandel gerade so boomt", 03.02.2022. [Online]. Available: https://www.stern.de/wirtschaft/wirtschaft---generation-trade-republic---warum-der-aktienhandel-gerade-so-boomt-31596072.html.

Der datengetriebene Versicherer – Transformatorische Notwendigkeit?

Dr. Stefan Ebener/Dr. Ranja Reda Kouba

Der europäische Versicherungsmarkt ist von signifikanter Größe: 2,8 Milliarden Euro Forderungen pro Tag, 10,6 Trillionen verwaltetes Vermögen und über 922.000 Mitarbeiter:innen. Darüber hinaus schreiben Europas Rückversicherer die Hälfte der weltweiten Rückversicherungen.[1] All das generiert Daten.

1 Reich an Daten, aber arm an Erkenntnissen

Versicherer sind seit jeher reich an Daten, aber arm an Erkenntnissen. Diese Feststellung mag wenig überraschend kommen und wird doch immer wieder durch aktuelle Studien untermauert: Untersuchungen in der Branche zeigen, dass fast 70 % der Unternehmen nicht in der Lage sind, einen Mehrwert aus ihren vorhandenen Daten zu ziehen[2].

Gleichzeitig wirken diverse Trends auf Versicherungsunternehmen in Deutschland und steigern so die Notwendigkeit für Erkenntnisse aus Daten: Externe Einflussfaktoren wie Nachhaltigkeit, Kundenverhalten, Demografie, aber auch Markt & Regulatorik spielen eine entscheidende Rolle in der Weichenstellung für Resilienz und Erfolg (vgl. Grafik 1).

---

1 Insurance Europe, https://www.insuranceeurope.eu/statistics.

2 Quelle: Accenture https://www.accenture.com/_acnmedia/pdf-108/accenture-closing-data-value-gap-fixed.pdf.

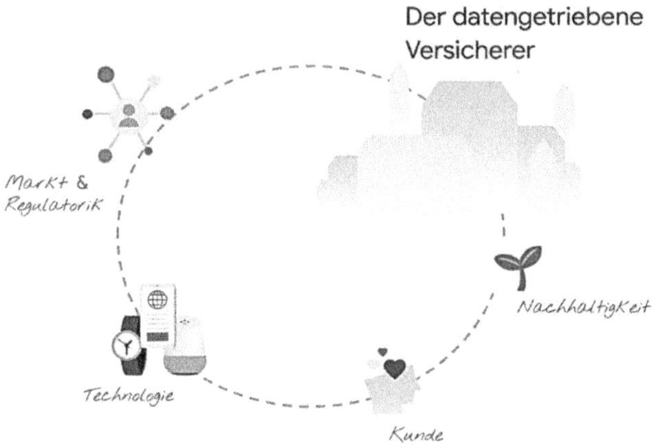

Abb. 1: Exogene Faktoren mit steigendem Einfluss auf den Versicherer
Quelle: Eigene Darstellung

Viele dieser Trends sind geprägt von einem technologiegetriebenen Wandel, der das Potenzial hat, jeden Aspekt der Branche zu verändern. Das Tempo des Wandels wird sich zusehends beschleunigen, da Makler, Verbraucher, Finanzintermediäre, Versicherer, Lieferanten und vor allem Kund:innen immer besser darin werden, fortschrittliche Technologien einzusetzen und anzuwenden.

Insbesondere Veränderungen von Kundenverhalten und Demografie stellen Versicherer vor Herausforderungen: Am Ende dieser Dekade haben wir in Deutschland in den klassischen Kernzielgruppen 20-60 Jahre vier Millionen Menschen weniger. Dafür gibt es drei Millionen mehr in der Altersgruppe 60+[3]. Die Bedürfnisse der nachrückenden Generationen ändern sich. Der digitale Einfluss verändert gewohnte Verhaltensmuster. Im Durchschnitt verbringen wir knapp 200 Minuten pro Tag im Internet. Neukund:innen von morgen suchen Transparenz, Bequemlichkeit und individuellen Mehrwert. Qualitäts- und Zufriedenheits-Rankings der Community beeinflussen Kund:innen viel mehr als zuvor. Einher geht dies mit einer zunehmenden Technologieaffinität – gerade in der Generation 60+. Schon heute geht 85 %

3 Oliver Wyman: Vorwärts bei Gegenwind (https://www.oliverwyman.de/content/dam/oliver-wyman/v2-de/publications/30042020_Final_Versicherung%202030_web.pdf).

aller Versicherungsabschlüsse eine Online-Suche voraus[4]. Auch geht die Zustimmung, Daten über digitale Kanäle wie z.B. Wearables für individuellen Mehrwert zu teilen, nach oben[5].

In die Zukunft blickend scheint die digitale Transformation eine Notwendigkeit zu sein. Digitale Transformationen – wenn richtig umgesetzt – können eine Vielzahl an Mehrwerten bringen: Von schnelleren Erkenntnissen, neuen Einnahmequellen und effizienteren Abläufen, bis hin zu erhöhter Kunden- und Mitarbeiterzufriedenheit. Gleichzeitig hinkt die Finanzindustrie, inklusive Versicherungen, in Bezug auf Digitalisierung anderen Industrien, wie Pharma, Professionelle Dienstleistungen oder Medien, hinterher.[6] Laut einer Studie von Accenture und Oxford Economics glauben aber fast alle befragten Versicherungs-Vorstände an eine digital transformierte Finanzindustrie in 5 Jahren[7].

Allerdings ist digitale Transformation nicht einfach. Laut einer aktuellen Studie von McKinsey & Company, liefern 45 % aller digitalen Transformationen weniger Profitabilität als erwartet.[8] Viele Menschen glauben, Innovationen und digitale Transformation würden einhergehen mit dem Aufkommen neuartiger Technologien. Tatsächlich ist jedoch ein wesentliches Unterscheidungsmerkmal zwischen erfolgreichen und weniger erfolgreichen Unternehmen nicht allein die Adaption neuer Technologien, sondern vielmehr das Mindset. Das Mindset von Führungsebene und Belegschaft und der Wille zur Veränderung. Damit digitale Transformation Mehrwerte liefert, muss sie holistisch gedacht werden. Nur vorhandene Prozesse in die elektronische Welt zu überführen, wird dem Begriff Digitalisierung nicht gerecht, sondern ist bestenfalls als „Elektrifizierung" zu betrachten.

---

4 Laut einer Google internen Analyse.

5 More people firmly agree with sharing personal data, in return for rewards, than firmly disagree, GfK 2017 (https://www.gfk.com/press/more-people-firmly-agree-with-sharing-personal-data-in-return-for-rewards-than-firmly-disagree).

6 Twenty-five years of digitization: Ten insights into how to play it right, McKinsey Global Institute, 2019.

7 https://www.accenture.com/_acnmedia/pdf-92/accenture-insurance-digital-transformation-remaking-an-industry.pdf.

8 Digital transformation: Improving the odds of success, McKinsey Quarterly, 2019 (https://www.mckinsey.com/capabilities/mckinsey-digital/our-insights/digital-transformation-improving-the-odds-of-success).

2 Holistische und datengetriebene Transformation in der Versicherungsbranche

Die Volatilität und das erhöhte Aufkommen von Risiken der letzten Jahre haben einen transformatorischen Prozess in der Versicherungsbranche in Gang gesetzt – dieser führt uns weg vom „Erkennen und Bezahlen“ und hin zu „Prognostizieren und Vorbeugen“. Dieser Pfad hin zu einem datengetriebenen Versicherer bedarf eines holistischen Ansatzes auf drei Ebenen: Geschäft transformieren, Technologie modernisieren sowie Mitarbeiter:innen mobilisieren.

2.1 Geschäft transformieren

An erster Stelle des holistischen Ansatzes steht „Geschäft transformieren“. Dabei verändern Organisationen grundlegend – auf Basis neuer Technologien –, wie sie Wert stiften. Dieser Wert reicht von Verbesserung der Kundenerfahrung, über Umsatzwachstum, Steigerung der operationellen Effizienz bis hin zur Geschäftsinnovation.

Für Versicherungsunternehmen ist Kundenerfahrung zentral. Eine herausragende Kundenerfahrung im Kontakt mit Versicherungsunternehmen ist laut einer Studie von McKinsey & Company – sowohl für attackierende Insurtechs, als auch für traditionelle Versicherer – die Voraussetzung für überdurchschnittliches Umsatzwachstum. Insurtechs treiben digitale Innovation, mit wachsenden Investitionen in Insurtechs von 1 Milliarde USD in 2004 auf 7,2 Milliarden USD in 2019 und auf 14,6 Milliarden USD in 2021. Dabei sind über 40 % der Insurtechs fokussiert auf den Marketing- und Vertriebs-Anteil der Wertschöpfungskette der Versicherungen. Daten befähigen diese Insurtechs, Schmerzpunkte von Kund:innen durch digital verbesserte Kundenerfahrung zu lösen.[9]

Für den direkten Kundenkontakt in der Versicherungsindustrie sind vorausschauender Kundenservice, Assistenz Dienste, Omni Channel Touchpoints und personalisierte Beratung und Angebote wichtig. Führende Versicherer antizipieren Serviceanfragen von Kund:innen und stellen Lösungen zur Verfügung, bevor sie danach gefragt werden. Sie bieten Assistenz-Dienste, die Kund:innen bei der Navigation des

9 Creating value, finding focus: Global Insurance Report 2022 McKinsey & Company.

Produktportfolios und an kritischen Lebenspunkten zur Seite stehen. Sie bieten Interaktionen mit dem Versicherungsunternehmen über verschiedenste Kanäle auf Basis von Kundenpräferenzen an und sie setzen auf Hyperpersonalisierung, also maßgeschneiderte Services basierend auf Kundencharakteristika und -verhalten. 80 % der Kund:innen erwarten diese Personalisierung[10].

Mit dem Druck von Konsumenten, anderen Marktteilnehmern und Startups ist eines der zentralen Tools zum Aufbau herausragender Kundenerfahrungen eine Kundendaten-Plattform (Customer Data Platform). Gartner definierte eine Kundendaten-Plattform als Marketingtechnologie, die die Kundendaten von Marketing und anderen Kanälen vereinheitlicht, um Kundenmodellierung zu befähigen und Zeitpunkte und Personalisierung von Nachrichten und Angeboten an den/die Kund:innen zu optimieren[11]. Kurz gesagt, eine Kundendaten-Plattform verwandelt Kundendaten in einen strategischen Mehrwert.

Diese Plattformen kombinieren interne mit externen Daten, um 360 Grad-Kundenprofile und Datenansichten zu erstellen, analysieren Daten durch intelligente Segmentierung und gewinnen Erkenntnisse durch Künstliche Intelligenz: sie verändern maßgeblich über verschiedene Kanäle hinweg in Echtzeit Kundenerfahrungen.

Besonders wichtig ist diese Kundenerfahrung in den sogenannten „Mikromomenten". Das sind Momente, in denen eine Absicht besteht, ein gewisser Kontext vorliegt, und unmittelbar eine Lösung gesucht wird. Beispiele sind Momente, in denen wir unmittelbar etwas wissen, irgendwohin gehen, etwas tun oder etwas kaufen möchten. Smartphones haben Mikromomente transformiert: Wir reagieren direkt auf Stimuli, wenn wir motiviert sind, wir haben eine hohe Erwartung an Relevanz und reibungslose Prozesse, und wir sind offener für vielfältige Entscheidungen mit verringerter Loyalität Marken gegenüber. Dadurch ist es für jeden Versicherer wichtig, in diesen Mikromomenten für Kund:innen da zu sein, nützlich zu sein, schnell zu sein und einzelne Punkte über Kanäle und Silos hinweg zu verbinden. Auch hier kann eine Kunden-Datenplattform helfen, in Mikromomenten für Kund:innen Wert zu stiften. Ziel ist es dabei immer, unter Beachtung der Kun-

---

10 The Fast Track to Digital Marketing Maturity, 2021, BCG.

11 Gartner (https://www.gartner.com/en/marketing/glossary/customer-data-platform#:~:text=A%20customer%20data%20platform%20is,targeting%20of%20messages%20and%20offers.).

denprivatsphäre, möglichst rasch Erkenntnisse aus Daten zu generieren, die gezielte Handlungen ermöglichen. Dabei geht es längst nicht mehr nur um die Daten, die ein Unternehmen um seine Kund:innen herum erfasst hat, sondern darüber hinaus um relevante Daten in Bezug auf den Geschäftszweck. So können Wetter-, Verkehr-, Event- & Konzertdaten, allgemeine Nachrichten oder auch Finanzmarktzahlen zusätzliche Mehrwerte einbringen.

Eine dieser Handlungen kann Hyperpersonalisierung sein. Bisher waren Versicherungsprodukte weitgehend standardisierte Services. Hyperpersonalisierung identifiziert individuelle Verhaltensweisen und Charakteristika, z.B. Sicherheit des Fahrstils, und passt Produktstrukturen, z.B. Prämien, entsprechend auf das Individuum an. Diese hyperpersonalisierten Produkte werden dann wiederum auf individuellen Marketingpfaden dem Kunden präsentiert, z.B. durch Berücksichtigung von bereits bespielten Kund:innen bei Social Media Marketing-Kampagnen. Personalisierung kann allerdings nur dann skalierbar erfolgen, wenn die darunterliegende Technologie modernen Ansprüchen entspricht.

Neben Kundenerfahrung entlang von Mikromomenten und Hyperpersonalisierung transformiert der datengetriebene Versicherer sein Geschäft hinsichtlich Umsatzwachstum. Ziel ist es, Prämieneinnahmen stärker zu erhöhen als Akquisitionskosten. Dies erfordert typischerweise ein strategisches Investieren in Marketingkosten zur Kundenakquise oder -Retention. Dieser strategische Ansatz differenziert je nach Kunden-Lebenswert, also dem Wert, den ein einzelner Kunde über dessen Lebenszeit für mich als Unternehmen stiftet. Auch hier hilft eine Kunden-Datenplattform, um Kund:innen mit hohem Lebenswert ganz gezielt anzusprechen. Die Kunst besteht darin, innerhalb dieser großen Datenmengen die richtigen Signale zu identifizieren. Darauf spezialisierte Unternehmen – wie etwa Google – haben dies im Laufe der Zeit perfektioniert und stellen heute neben der reinen Datenplattform und intelligenten Algorithmen auch zusätzliche Daten bereit. Dies geht sogar so weit, dass spezialisierte Unternehmen die Systematik samt Metadaten, anhand derer Informationen gesucht und miteinander verknüpft werden, als Service zur Verfügung stellen.

2.2 Technologie modernisieren

Typischerweise sind Daten von Versicherern noch in Silos organisiert, wodurch eine holistische Kundenbetrachtung verhindert wird und Daten sowie zugehörige Erkenntnisse nicht in Echtzeit, sondern nur verzögert vorliegen. Es besteht eine Daten-Wert-Lücke: Eine Lücke zwischen dem Wert, den Daten auf Basis heutiger Technologien für Organisationen generieren können, und dem Wert, den sie heute tatsächlich aufgrund von Herausforderungen in den Organisationen erbringen. Ein Beispiel ist Marketing: Nach einer Studie von The Financial Brand ist die größte Herausforderung im Bereich datengetriebenes Marketing für 45 % der Respondenten die Schwierigkeit, Daten zu sammeln und zu organisieren.[12]

Ein datengetriebener Versicherer zu sein, erfordert eine Modernisierung der zugrunde liegenden Technologie: Skalierbare und flexible Infrastruktur, Applikations-Modernisierung, Datenverarbeitung in Echtzeit und smarte Datenanalyse zur Erreichung einer gesteigerten operationellen Effizienz. Dies ermöglicht beispielsweise intelligentes Antragsmanagement, Betrugsmanagement, KI-Dokumenten-Auswertung, verbesserte Risikomodellierung, signifikante Beschleunigung von Schadensprozessen oder Next-best-offer-Identifikation und -Beratung.

Die smarte Datenanalyse ermöglicht auch, raumbezogene Daten mit Hilfe von Künstlicher Intelligenz zu analysieren, z.B. um gebäudespezifische Sturm-, Überflutungs- oder Erdbebenrisiken zu ermitteln. Kombiniert man nun Daten in Echtzeit, z.B. raumbezogene Daten, mit historischen Daten, können neue Welten an Erkenntnissen entstehen (vgl. Abbildung 2). Ein Beispiel ist die automatisierte Vorhersage von Tornadoschäden auf Basis von Satellitendaten, um Schäden je Gebäude eines ganzen Bundeslandes mit einer Unschärfe von nur wenigen Metern vorherzusagen. Dies hilft u.a. bei der Prävention von Betrug von Schadensmeldungen an Gebäuden. Diese Prozesse können in Form von „Dunkelverarbeitung", also ohne Sichtbarkeit für die Kund:innen im Hintergrund, vollautomatisiert ablaufen.

12 Banking Needs To Prepare For Marketing's Data Arms Race, The Financial Brand.

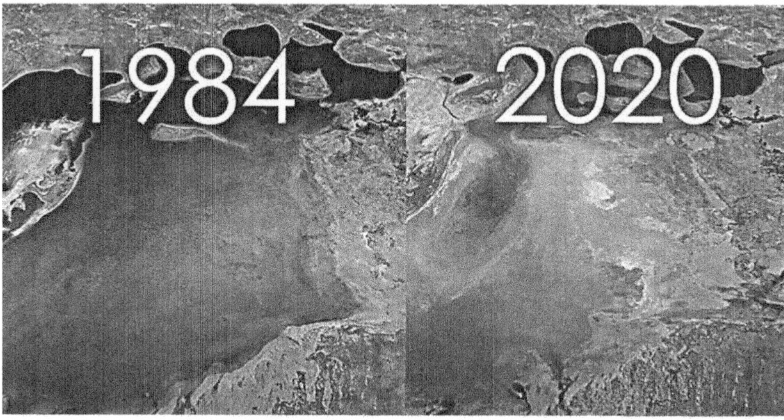

Abb. 2: Google Earth Timelapse zeigt u.a. die Auswirkungen des Klimawandels in den letzten 4 Jahrzehnten

Quelle: Google Earth Engine

Gleichzeitig werden Daten dank der Wertstiftung durch smarte Datenanalyse zu einem der wichtigsten Assets von Versicherern – so weit, dass erste Versicherer Daten und Erkenntnisse wiederum monetarisieren, z.B. als Service zur Identifikation optimaler Firmensitze auf Basis geografischer Risiken. Begreift man „Daten als Asset" und verfolgt diesen Ansatz quer und konsequent durch sein Unternehmen, endet man unweigerlich beim Einsatz von zwei Dingen:

- Dem unternehmensinternen wie -externen Aufbau eines sogenannten „API-Ökosystems", über das Daten ausgetauscht bzw. digitale Partnerunternehmen direkt verknüpft werden, um neue (Daten-)Produkte zu entwickeln, sowie
- dem Einsatz von Künstlicher Intelligenz. In diesem Fall gilt es, Künstliche Intelligenz als transformatorische Kraft zu akzeptieren und in der Unternehmensstrategie zu verankern.

Ein wichtiges Augenmerk soll dabei auf dem Potenzial der Daten unter Berücksichtigung der Schutzklasse entlang regulatorischer und ethischer Anforderungen liegen. Neue Ansätze – wie etwa „Sovereign Cloud" – ermöglichen es, die Souveränität hinsichtlich hochsensibler Daten samt operativen Prozessen und eingesetzter Software zu beantworten.

2.3 Mitarbeiter:innen mobilisieren

Der datengetriebene Versicherer muss sich im Kern neben der Transformation des Geschäftes und der Modernisierung der Technologie auf die Mobilisierung der Mitarbeiter:innen, insbesondere durch Aufbau einer geeigneten Kultur, fokussieren. Eine solche Kultur muss Mitarbeiter:innen befähigen, schnell zu iterieren, sie muss Kollaboration fördern und sie muss Scheitern akzeptieren.

Die leistungsstärksten Teams sind jene, die „psychologische Sicherheit" – gerade in Zeiten von Unsicherheiten und Veränderungen – aktiv leben. Dies bedingt vor allem, dass sich die Teams auf Fakten konzentrieren. Wenn Fehler passieren, weisen sie ausdrücklich darauf hin, dass niemandem in Person die Schuld zugewiesen wird. „Blameless Postmortems" werden nicht selten von demjenigen geschrieben, der Fehler gemacht hat. Der Fokus liegt somit nicht auf der Person, sondern darauf, warum der Prozess den Fehler zugelassen hat. Damit geht einher: Projekte dürfen scheitern. Die Organisation kann dadurch lernen und Vertrauen aufbauen. Projektleiter:innen oder auch die Teilnehmer:innen sind aber nicht „das Projekt". Ein gescheitertes Projekt heißt nicht, dass die beteiligten Personen gescheitert sind. Weiter bedeutet psychologische Sicherheit, eine langfristige Perspektive zu haben und eine gemeinsame Mission zu verfolgen. Es ist entscheidend, dass sich die Menschen zugehörig fühlen. Ohne diese Sicherheit ist es zu einfach, sich auf die Seite der Risikoaversion zu verirren und sich zu vorsichtig und langsam zu bewegen. Konsequent umgesetzt führt dies zu einer Reihe von organisatorischen Anpassungen, durch die sich Teams auf Innovationen auf ihrer Abstraktionsebene konzentrieren können: Application-Teams konzentrieren sich auf Applications, Infrastruktur-Teams konzentrieren sich auf Infrastruktur, etc. Jede Abteilung kann sich auf den Wirkungskreis und Zuständigkeit der anderen Abteilungen verlassen.

Veränderung muss immer von der Spitze ausgehen und mittels einer klaren Strategie samt definierter Leitplanken geleitet werden. Mitarbeiter:innen müssen anschließend dazu befähigt werden, diese Strategie mit Leben ausfüllen zu können. Die Mission und Kultur des Unternehmens sind hierbei äußerst wichtig, um in Zeiten der Unsicherheit Klarheit in der gesamten Organisation zu schaffen. Insbesondere kulturelle Veränderungen beginnen beim Vorleben der Veränderung durch den Vorstand. Ein wesentliches Vehikel ist dabei die konsistent und zugleich individuell erzählte Geschichte hinter der Veränderung: Warum verändern wir uns? Wie unterstütze ich persönlich diese Veränderung? Und warum glaube ich persönlich an den Erfolg dieser Veränderung? Studien zeigen, dass das Teilen einer solchen im Vorstand abgestimmten Geschichte der Veränderung die Wahrscheinlichkeit einer erfolgreichen Transformation versechsfachen kann.[13] Für den/die einzelnen Mitarbeiter:in ist daher eine langfristige Perspektive von entscheidender Bedeutung.

Daher: Streben Sie danach, ein Unternehmen aufzubauen, in dem sich die Menschen vorstellen können zu bleiben, zu wachsen aber auch neue Bereiche bspw. durch „Rotationen" kennenzulernen. Etablieren Sie ein neues Verständnis von „Daten als Assets" und investieren in radikale neue Technologien. Innovation entsteht dort, wo die täglichen Herausforderungen auf das Wissen der Mitarbeiter:innen treffen und die Bedingungen der Umgebung dies positiv incentivieren. Dies rundet eine holistische und datengetriebene Transformation ab und stellt die Weichen für den datengetriebenen Versicherer der Zukunft.

13 Mobilize your organization with a powerful change story, McKinsey & Company, 2019.

Insurers Need to Better Support Gen Y and Gen Z Goals

Dr. Carlo Pugnetti/Ulrich Moser

Insurers are not well positioned to support the achievement of life goals of Gen Y and Gen Z customers. A recent study in Switzerland shows preference for insurance support to be generally low and undifferentiated among goal types. Besides pairing up with more accepted providers, insurers have a window of opportunity to target self-fulfillment goals with risk education and mitigation, as well as high-conscientiousness customers. Mobiliar is developing services to address this window of opportunity.

1 Introduction

Insurance companies have been evolving their business model to take advantage of technological developments and changes in customer expectations. Technology can impact the way insurers and customers interact, they can improve the effectiveness and efficiency of business processes, and they create opportunities for new products and services (Eling and Lehmann, 2018). Swiss customers are generally open to new services from their insurance company, and are open to sharing their personal data in order to receive these services (Pugnetti and Elmer, 2020). However, they are also open to services from new entrants if these companies can provide sufficient value (Pugnetti and Seitz, 2021). Swiss insurers do not generally show a good understanding of younger customers (Pugnetti and Bekaert, 2018). Personal goals are a fundamental aspect of human behavior, providing structure to an individual's behavior as they meet the requirements of daily life (Austin and Vancouver, 1996). Service providers are better able to meet their customers' implicit and explicit requirements if they better understand the personal goals pursued. This situation, therefore, leaves incumbents open to external threats. Understanding the goals of younger customers is of great importance to increase the relevance and acceptance of insurers among newer customers in the near future.

The ongoing expansion of the traditional core business of insurance with services from related industries requires an in-depth knowledge of young potential customers in order to be able to design offers and services according to their expectations. This is particularly true for younger customers, whose needs may differ substantially from those of core insurance customer. New products, services, and partnerships, can be targeted and designed according to the goals of the young clientele based on the results of the study. This development is particularly significant for Mobiliar, who has forged several partnership, both nationally and at a local level, in order to deliver additional services ancillary to the core insurance products. This effort is central to their strategy to forge and grow meaningful relationships with their customers.

2 Methodology

We surveyed 1,781 Millennials (Gen Y) and Generation Z (Gen Z) in the Summer of 2021 to understand their goals and their view of how different service providers may support the achievement of these goals. We analyzed the results age cohort, gender, goal type and personality type (for a more in-depth discussion, see Pugnetti et al., 2022). Respondents provided a free-text description of two important goals they were pursuing at the time of the survey and the research team classified these goals according to the taxonomy of goals developed by Talevich et al. (2017). A summary is provided in Table 1. Because of the age group and potentially the experience with Covid, the goals are tightly clustered, with Health accounting for 32 % of responses, Ambition and ability for another 29 % and Self-fulfill for 16 %. None of the other goal types are above 5 % of the responses.

	Goal Clusters	Examples
1	Morals and values	Social values, Personal morals
2	Virtues	Social giving, Interpersonal care, Respected, Inspiring
3	Religion and spirituality	Religion and spirituality
4	Self-fulfill	Wisdom and serenity, Self-knowledge, Happiness
5	Openness to experience	Appreciating beauty, Exploration, Pursue ideals and passions, Enjoy life
6	Self-protect	Avoid stress and anxiety, Avoid harm, Avoid rejections, Avoid conflict
7	Avoid hassle	Avoid socializing, Avoid effort
8	Security and belonging	Interpersonally effective, Social life and friendship, Liked, Sexual intimacy, Emotional intimacy, Fastidious, Stability and safety
9	Power	Better than others, Control of others, Leadership
10	Health	Health
11	Family	Good family life, Close to parents' family
12	Ambition and ability	Mastery and perseverance, Avoid failure, Confidence and autonomy, Self-regulated, Smart and rational, Organized and efficient
13	Intellectual competence	Analysis and technical know-how, Intellectual growth
14	Financial and occupational success	Money and wealth, Financial freedom, Occupational success

Table 1: Goal types (Talevich et al., 2017)

Respondents were asked to rate how much specific types of companies and services providers (Automotive, Banking, Education, Utilities and Telecommunication, Entertainment and Culture, Healthcare, Technology, Insurance, Retail, and Local Services) could help in supporting their goal achievement on a scale from one to five. Two to three representative examples of company names were provided for each category.

In order to understand how personality may impact the result we scored the respondents across six personality types. These include the five factors described by the Big-5 model of personality (John et al., 2008), as well as the Honesty-Humility factor from the HEXACO model of personality (Lee and Ashton, 2013). These personality types are summarized in Table 2.

Personality Traits	**Definition**
Openness/Intellect	Cognitive exploration and engagement with information.
Conscientiousness	Protection of non-immediate or abstract goals and strategies from disruption.
Extraversion	Behavioral exploration and engagement with specific rewards (i.e., goals to approach).
Agreeableness	Altruism and cooperation; coordination of goals, interpretations, and strategies with those of others.
Neuroticism	Defensive responses to uncertainty, threat, and punishment.
Honesty-Humility	Assist in coordinating goal pursuit when deceit/guile is involved.

Table 2: Personality traits (John et al., 2008; Lee and Ashton, 2013)

3 Results

Respondents showed a marked affinity for support by educational establishments, followed by providers in Healthcare and Entertainment/ Culture (Figure 1). Technology companies also scored above the midpoint of the range. Insurance companies and other traditional product-based companies (e.g., Banking or Automotive) score at the lower end of the spectrum. These results highlight how poorly positioned insurers are to play a relevant role in the lives of their younger customers. While the importance of education and health is not surprising, the relatively high score of technology companies confirms the potential threat they pose to enter different markets, including insurance. Conversely, the position of insurance companies shows the strategic challenge and danger of substitution insurers face in their core business.

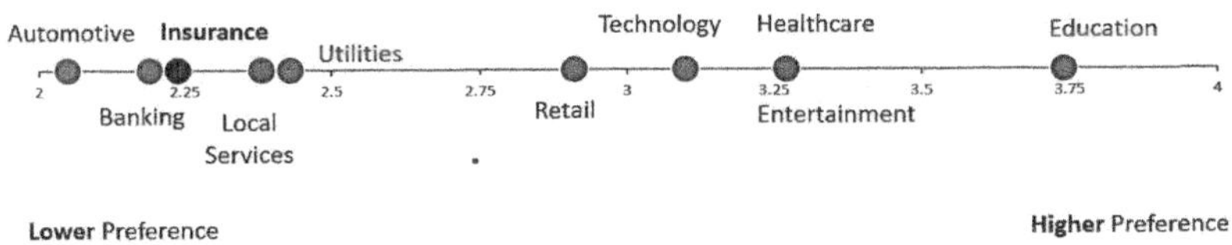

Figure 1: Preference of support by provider type

The poor positioning of insurers is consistent across goal types, with insurance scoring significantly below average in all categories. However, some differences exist across categories, as shown in Table 2. Relatively speaking, insurers scored well in goals pertaining to Health, Financial and occupational success, Ambition and ability, and Self-fulfill. This highlights a potential role for insurers to begin establishing approaches to support these goals. These goals relate to financial freedom, technical know-how, autonomy and peace of mind. Thus insurers could leverage their risk mitigation and risk transfer core products and know-how to further gain significance with younger customers in these areas.

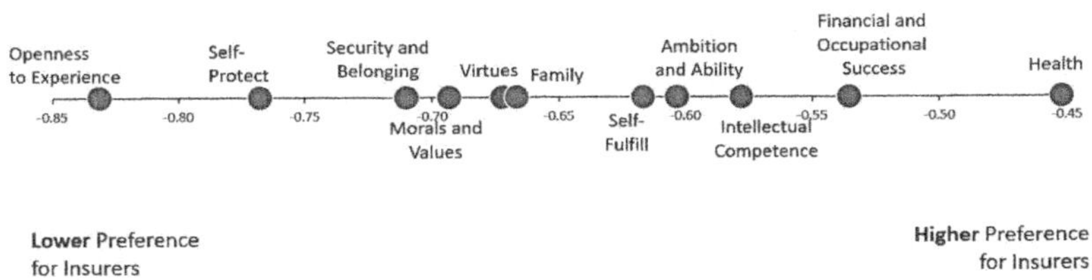

Figure 2: Preference for insurers by goal type

Personality plays a role in the preference for support by insurers, with customers displaying higher level of Conscientiousness, Neuroticism, and Honesty being more open than average to support, as shown in Figure 3. This dynamic could allow insurers to further refine their approach above by targeting these categories in particular with tailored approaches and messaging.

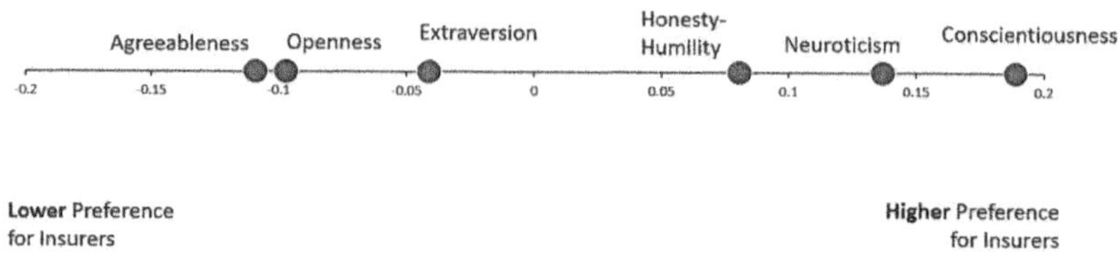

Figure 3: Preference for insurers by personality trait

Somewhat unexpectedly, there were very few differences between the two age cohorts and between men and women in our sampled responses.

4 Conclusions

The overall results are not positive for insurers as customers score their potential support low overall and consistently low among different goal types. A more detailed view, however, reveals the potential for several differentiated approaches to start addressing these issues.

The first approach is to concentrate on the goal types where insurers score relatively higher – Financial and occupational success and intellectual competence – and address these by developing partnerships with established educational providers. Here insurers can work to develop their customers' understanding of risk management and mitigation, leveraging their traditional core expertise. This would also alleviate the issues with onboarding new customers found in other studies. Similar, but more complicated, would be supporting health goals through assistance services provided by telemedicine companies. These are common solutions in Switzerland and the role of insurers could be further emphasized.

The second approach is to concentrate on high-frequency goals – Health, and Ambition and ability. The first is of course very close to the role of health insurers; the link to P&C and Life companies is more tenuous. However, they can clearly contribute to clients' being confident and in control as well as making rational decisions, again with their core expertise in risk management, mitigation and transfer. Especially customer segments with high Conscientiousness, Neuroticism and Honesty can be targeted with these offerings.

These insights can be used to become relevant as an insurer in areas of life that are not directly associated with insurance. Building a long-term successful customer relationship can be supported in more emotionally moving activities such as entertainment, sports, or education. For example, early access to exclusive concert tickets or sporting events can build an emotional bond over a life goal. An activity that has been central to Mobiliar's efforts to build relevance towards customers' goals is the support and collaboration of ICT Scouts, a non-profit organization that promotes young talent in STEM professions. This engagement succeeds in addressing multiple dimensions and generations. On the one hand, support and promotion of personal education and professional development for the youth; on the other hand, support and security for the parents as they work for the economic and professional advancement of their children. Furthermore, Mobiliar is involved in topics of current and future social relevance.

The realization that the insurance industry today can contribute little to the achievement of personal goals compared to other industries is strategically important new information. Until now, it was known that insurance was not an interesting or important topic for the younger generations. The fact that the reason for this perception among young customers is a low contribution to the achievement of personal goals is important. The perception of younger customer, on the one hand, the perception in the market of young customers can be changed with targeted partnerships and threats can be turned into opportunities together with companies from other industry sectors.

In spite of a difficult overall environment, and the strategic challenge from new entrants potentially locking up customer relationships, insurers should be able to leverage their core risk management expertise to educate and support customers in their goals to be more confident, rational and in control of their lives. Thus, they can become more relevant and a better long-term partner to younger insurance customers.

References:

Austin J.T. and Vancouver J.B. (1996). Goal constructs in psychology: Structure, process and content. *Psychological Bulletin* 120:338.

Eling M. and Lehmann M. (2018). The Impact of Digitalization on the Insurance Value Chain and the Insurability of Risks. *The Geneva Papers* 43: 359–96.

John O.P., Naumann L.P. and Soto, C.J. (2008). Paradigm shift to the integrative Big Five trait taxonomy: History, measurement, and conceptual issues, in John, Robins, Pervin (Eds.), *Handbook of personality: Theory and research* (pp. 114–158). The Guilford Press.

Lee K. and Ashton M.C. (2013). The H factor of personality: Why some people are manipulative, self-entitled, materialistic, and exploitive—and why it matters for everyone. Wilfrid Laurier University Press.

Pugnetti C. and Bekaert X. (2018). A tale of self-doubting and distrust. Onboarding millennials: understanding the experience of new insurance customers. ZHAW School of Management and Law.

Pugnetti C. and Elmer S. (2020). Self-assessment of driving style and the willingness to share personal information. *Journal of Risk and Financial Management* 13, 53.

Pugnetti C., Henriques P. and Moser U. (2022). Goal setting, personality traits, and the role of insurers and other service providers for Swiss Millennials and Generation Z. *Journal of Risk and Financial Management* 15, 185.

Pugnetti C. and Seitz M. (2021) Data-driven services in insurance: potential evolution and impact in the Swiss market. *Journal of Risk and Financial Management* 14, 227.

Talevich, J.R., Read S.J., Walsh D.A., Iyer R. and Chopra G. (2017). Towards a comprehensive taxonomy of human motives. *PLoS ONE* 12, 2.

Leben Sie bereits Ambidextrie? Innovationswege für Versicherer

Dr. Sandra Kaltenbacher

Noch vor ein paar Jahren war sie da – die Angst in der Versicherungsbranche. Die Insurtechs kommen und machen alles anders, schneller und vor allem besser. Daher wurden sie von etablierten Playern am Markt genau beobachtet. In einem Markt, in dem es in den vergangenen Jahren kaum neue Anbieter gab.

Spult man ein paar Jahre nach vorne, lässt sich aktuell im deutschsprachigen Versicherungsmarkt feststellen, dass die befürchtete Übernahme des Marktes durch Insurtechs nicht passiert ist. Man findet sie, jedoch häufig in Nischen oder als Kooperationspartner für Speziallösungen oder bestimmte Themenbereiche.

Gleichzeitig sehen sich bestehende Versicherungsunterhemen immer mehr unter Zugzwang, selbst ähnlich wie ein Startup innovativ, schnell und agil zu sein. Das Umfeld hat sich weiter in Richtung der viel zitierten **VUCA** Welt (Akronym) entwickelt – voll Volatilität (engl. **V**olatility), Unsicherheit (engl. **U**ncertainty), Komplexität (engl. **C**omplexity) und Mehrdeutigkeit (engl. **A**mbiguity).

Genau dort kommt sie dann häufig ins Spiel, die Ambidextrie, also „Beidhändigkeit". Erstmals bezeichnet wurde sie 1976 von Robert B. Ducan. Das Konzept selbst ist somit nicht neu.

Ambidextrie bezeichnet die Fähigkeit einer Organisation, sowohl innovativ bzw. flexibel zu sein, als auch effizient. Es bedeutet als Unternehmen, zwei verschiedene Vorgehensweisen nutzen zu können, die teilweise widersprüchlich sind. Es handelt sich folglich um eine paradoxe Verknüpfung von Aktivitäten, die sich auf der einen Seite gegenseitig bedingen und auf der anderen Seite ausschließen.

Unternehmen müssen demnach bestehende Prozesse optimieren und auf diesem Weg Effizienzsteigerungen heben und gleichzeitig neue Geschäftsbereiche durch Experimentieren, Kreativität und flexibles Handeln erschließen. O'Reilly und Tushman nennen dies Exploitation und Exploration.

1 Exploitation und Exploration – es lebe der Widerspruch

Damit Organisationen langfristig erfolgreich bestehen können, müssen sie kontinuierlich inkrementelle Innovationen liefern. Das bedeutet kleine Verbesserungen ihrer bestehenden Produkte und Dienstleistungen, um ihre Effizienz und ihren Mehrwert für Kunden zu steigern.

Darüber hinaus braucht es grundlegende Innovationen, welche die Technologie oder den Prozess stark verändern und somit auch einen Teil des Produkts oder der Dienstleistung. Beispielsweise, wenn eine Bank oder Versicherung ihr Kundenservicecenter in ein Niedriglohnland wie Indien verlegt.

Zusätzlich gibt es radikale Innovationen, welche bestehende Produkte oder Dienstleistungen obsolet machen können bzw. den Markt und den Wettbewerb darin langfristig verändern. Klassisches Beispiel dafür ist die digitale Photographie, die den Markt und die Marktmacht der Anbieter darin radikal verändert hat.

Bei etablierten Unternehmen – und dazu zählen viele Versicherungsunternehmen – liegt der Fokus oft auf der **Exploitation**. Ziel ist es, effizient zu sein. Bestehende Produkte und Dienstleistungen sollen möglichst schnell und ressourcenschonend erzeugt werden. Das Angebot des Unternehmens wird dabei zwar oftmals geringfügig angepasst und optimiert, der Fokus liegt jedoch auf niedrigen Kosten und hohem Profit als Maßstäben. Um dies zu leisten ist die Organisation formal und eher mechanisch organisiert, Anpassungsfähigkeit und Agilität stehen nicht im Fokus. Das Führungsverhalten ist autoritär, von hoher Stabilität und wenig Risikofreude gekennzeichnet.

Um möglichst innovativ zu sein, bedarf es jedoch der **Exploration**. Hier liegt der Fokus auf Lernen und Innovation. Ziel ist radikale Innovation, um den Markt zu verändern. Die Organisation muss daher agil und anpassungsfähig sein. Führungspersonen müssen visionär sein, Risikofreude und Experimentieren vorleben. Dafür besonders geeignet sind Unternehmertypen, die kreativ und flexibel sind.

	Exploration	Exploitation
Ziel	Lernen und Innovation, um langfristigen Kundenwunsch zu erfüllen	Ausbeuten und Effizienz, um kurzfristigen Kundenwunsch zu erfüllen
Handlungsfelder	Kreative und wandlungsfähige Entwicklung neuer Produkte	Effiziente und effektive Abwicklung bestehender Produkte
Innovationsart	Radikale Innovation	Inkrementelle Innovation
Maßstäbe	Innovation, Wachstum, Meilensteine	Kosten, Profit, Margen, Produktivität
Organisationsstrukturen	Anpassungsfähig, agil, „Nicht-Routine", organisch	Formal, Routine, mechanisch
Kultur und Verhalten	Risikofreude, Geschwindigkeit, Flexibilität, Experimentieren	Effizienz, geringes Risiko, Stabilität, hohe Qualität
Führungsstil	Visionär, involvierend	Autoritär, top-down
Mitarbeitertyp	Unternehmer, Generalisten	Umsetzer, Spezialisten

Tab. 1: Übersicht Exploration und Exploitation (angelehnt an Olivan, 2019, S. 34)

Im Bereich der Exploitation finden sich daher vor allem wiederkehrende Arbeitsabläufe, wie die Arbeitsschritte in einer Fertigungsstraße, die Prozessschritte einer Dienstleistung für ein Standardprodukt oder allgemeine Verwaltungsaufgaben. Exploration hingegen ist gefragt, wenn es innovativer Problemlösung bedarf, beispielsweise für die Entwicklung gänzlich neuer Produkte oder Innovationen.

Beide Vorgehensweisen sind wichtig und es braucht sowohl klare Vorgaben und Strukturen als auch Agilität und Innovation. Etablierte Unternehmen sollten daher zur laufenden Wertschöpfung bei etablierten Produkten und Dienstleistungen fähig sein und gleichzeitig zu zukunftsorientiertem Innovationsverhalten.

2 Wo findet man Ambidextrie?

Exploitation und Exploration stehen somit häufig in Konflikt. Dennoch ist in Organisationen oft beides zu finden. Automobilhersteller haben beispielsweise häufig die Entwicklung von Elektrofahrzeugen vom Kerngeschäft getrennt, um in diesem Bereich Innovation und kreatives Arbeiten zu ermöglichen. Dies wird **strukturelle Ambidextrie** genannt – duale Strukturen, welche sich entweder auf das Kerngeschäft oder auf Innovation bzw. Weiterentwicklung konzentrieren. Dabei werden im Kerngeschäft häufig klassische Arbeitsweisen angewandt und im Innovationsbereich autonome und risikotolerante. Es werden somit eigene Organisationseinheiten geschaffen, die sich auf eine der beiden Vorgehensweisen fokussieren.

Google, als etabliertes Unternehmen, hat ein bekanntes Programm, das Mitarbeitende zwanzig Prozent ihrer Arbeitszeit frei für innovative Themen, welche sie für das Unternehmen als wichtig erachten, investieren lässt. Dies wird als **kontextuelle Ambidextrie** beschrieben – die Fähigkeit, die unterschiedlichen Verhaltensweisen gleichzeitig in der Organisation bei Bedarf zu zeigen. Diese Ausgestaltung unterscheidet sich stark von der strukturellen Ambidextrie. Individuen in der Organisation sind somit gefragt selbst zu entscheiden, welche der beiden Verhaltensweisen sie einsetzen.

Die **zeitliche Ambidextrie** bezeichnet den sequenziellen Wechsel von einer explorativen Organisationsstruktur zu einer exploitativen und umgekehrt. Sie ist eine weitere Form der Ambidextrie, die wahrscheinlich jedes etablierte Unternehmen durchlaufen hat. Das Unternehmen McDonalds ist ein prominentes Beispiel dafür, mit einem anfänglichen Fokus auf ein innovatives Geschäftskonzept und später auf starke Standardisierung und Effizienz. Bei ihrer Gründung sind Organisationen häufig explorativ orientiert und versuchen sich an neuen Angeboten und Innovationen, später dominiert zumeist die Exploitation.

3 So what? Bedeutung und mögliche Wege für Versicherer

In der Geschichte großer Unternehmen gibt es zahlreiche Warnungen dafür, was passieren kann, wenn man es nicht schafft, Ambidextrie im Unternehmen zu ermöglichen. Polaroid und Nokia sind zwei Unternehmen, die Opfer von Disruption wurden. Entgegen vieler

Annahmen sahen sie jedoch die relevanten Veränderungen auf sich zukommen. Polaroid hatte die erste verkäufliche Megapixel Digitalkamera und Nokia hatte alles, was es als Unternehmen brauchte, um im Smartphonebereich erfolgreich zu sein. Sie sahen die Verwerfungen des Marktes kommen und konnten dennoch nicht adäquat reagieren. Ihr Kerngeschäft war zu sehr darauf fokussiert, laufend Ergebnisse zu liefern, ohne einen neuen Geschäftsbereich aufzubauen.

Wie erwähnt, widersprechen sich die Konzepte der Exploration und Exploitation in vielen Bereichen. Daher entstehen oft Konflikte bzw. Widerstand, wenn sich die beiden Verhaltenskonzepte und deren Akteure überkreuzen. Einen möglichen Lösungsweg dafür sehen viele in der Ausgliederung von explorativen Einheiten bzw. deren Trennung vom Kerngeschäft. IBM hat beispielsweise sein Emerging Business Opportunity Program 2000 getrennt vom Kerngeschäft gegründet. Sechs Jahre später trug die Einheit bereits 24 Prozent des Umsatzes von IBM bei.

Durch die Ausgliederung aus dem laufenden Managementsystem können derartige Einheiten in der Organisation bestehen, denselben strategischen Bestrebungen folgen und haben Zugriff auf die Ressourcen des Unternehmens.

Beim Versicherungsunternehmen UNIQA gibt es beispielsweise zwei ausgegliederte Einheiten, die Exploration betreiben. Es handelt sich dabei um Cherrisk, welches das klare Ziel hat, ein digitales Versicherungsmodell aufzubauen und SanusX, eine Einheit zur Ideenfindung und Erarbeitung neuer Geschäftsmodelle im Healthcarebereich. Cherrisk ist dabei hinsichtlich seiner organisationalen Struktur eine fokussierte Einheit, welche eine sehr spezifische, zuvor definierte Geschäftsidee verfolgt. SanusX ist hingegen eher „top down“ – d.h. von der Ideenfindung weg und offen – konzipiert. Das Ziel bei SanusX ist ein neues Portfolio an Möglichkeiten und Geschäftsideen zu finden, zu entwickeln und zu verfolgen.

Was muss man als Führungsteam konkret tun, um Ambidextrie zu ermöglichen? Es bedarf einer ansprechenden strategischen Ausrichtung, die die Wichtigkeit von Exploration und Exploitation betont, und eine gemeinsame und geteilte Vision und Werte. Zusätzlich muss das Senior-Team hinter dieser Strategie stehen und innovative Vorhaben aktiv fördern.

Es braucht eine separate, aber abgestimmte Organisationsstruktur und Ausrichtung der explorativen und exploitativen Einheiten und darüber hinaus ein Topmanagement, das Spannungen zwischen diesen Einheiten tolerieren bzw. auflösen kann.

Ein letzter Hinweis: Viele tappen in die Falle, den zu erwartenden Erfolg des neuen Ventures sehr positiv darzustellen. In größeren Organisationen sind Zuversicht und Gewissheit immerhin mehr geschätzt als Offenheit bezüglich Unsicherheiten und Risikofreude. Dennoch braucht es genau das – Realismus und einen offenen Dialog. Was man nämlich mit Sicherheit versprechen kann, sind neue Erkenntnisse und Learnings.

Quellen:

Binns, Andrew, O'Reilly, Charles A., Tushman, Michael L. (2022) Corporate Explorer: How Corporations Beat Startups at the Innovation Game, Wiley.

Duncan, R.B. (1976) The Ambidextrous Organization: Designing Dual Structures for Innovation. The Management of Organization, 1, 167–188.

Fojcik, Thomas Martin (2015) Ambidextrie und Unternehmenserfolg bei einem diskontinuierlichen Wandel: Eine empirische Analyse unter besonderer Berücksichtigung der Anpassung und Veränderung von Organisationsarchitekturen im Zeitablauf. Dissertation. Universität Duisburg-Essen, Springer-Verlag.

Gibson, C. B., Birkinshaw J. (2004) The Antecedents, Consequences, And Mediating Role Of Organizational Ambidexterity. Academy of Management Journal. Band 47, S. 209–226.

Haberstock, Philipp, Ambidextrie – Definition Online-Lexikon, Gabler Wirtschaftslexikon, https://wirtschaftslexikon.gabler.de/definition/ambidextrie-123472 (abgerufen am 25.11.2022).

Olivan, Patrick (2019) Methode zur organisatorischen Gestaltung radikaler Technologieentwicklungen unter Berücksichtigung der Ambidextrie. Universität Stuttgart, Fraunhofer Verlag.

O'Reilly, Charles A., Tushman, Michael L. (2008) Ambidexterity as a dynamic capability: Resolving the innovator's dilemma. Research in Organizational Behavior, 28, S. 185–206.

O'Reilly, Charles A., Tushman, Michael L. (2004) The Ambidextrous Organisation, Harvard Business Review, 82, 74–81.

O'Reilly, Charles A., Tushman, Michael L. (2011) Organizational Ambidexterity in Action: How managers explore and exploit, California Management Review, 53, S. 5–22.

Die neue Tugend der Manager heißt Neugier

Erika Krizsan

In Zeiten der Krisen, wie Krieg in Europa, Energiekrise, Inflation und Lieferkettenproblemen ist immer „Possibilismus“ gefragt. „Es geht um Hoffnung, Zuversicht, die Überwindung von Ängsten und Apokalypseglauben“. Dazu brauchen wir motivierte Menschen, die die Welt mit anderen Augen sehen und die Krise als Chance betrachten.

„Neugier treibt Innovation“ (eng. „Curiosity Drives Innovation!“) ist mein Motto 2023. Wie jedes Jahr wähle ich ein Motto, das mein Jahr prägt und auf das alle meine Innovationsaktivitäten ausgerichtet sind. Können Sie sich noch an mein Motto 2022 erinnern? „People First, Technology Second“.

Wie kann man Neugier definieren? Neugier ist der starke Wunsch, etwas Bestimmtes zu erfahren, zu wissen oder kennenzulernen.

Warum ist Neugier in der Versicherungsbranche wichtig? Wie wollen wir gemeinsam die Branche zukunftsfähig gestalten? Eine Branche, die derzeit mit Imageproblemen zu kämpfen hat. Eine neue Studie zeigt, „auf dem letzten Platz liegt dabei schon fast traditionell der Versicherungsvertreter.“ Warum eigentlich? Wie könnten wir dieses Image in eine andere Richtung drehen? Wir wissen als Insider, dass die Versicherungsbranche in schwierigen Situationen Menschen hilft. Eine Branche, wo so viel Gestaltungsmöglichkeit in verschiedenen Bereichen (Mobilität, Gesundheit, Wohnen) vorhanden ist, wie in keiner anderen Branche. Eine Branche, wo junge Leute lernen, wachsen und sich entfalten können. Aber wir schaffen es gemeinsam nicht, nur ein-zwei Plätze in Beliebtheitsskalen von Berufen nach vorne zu rutschen!

Im globalen Innovationswettbewerb müssen Versicherungsunternehmen ihre Chancen noch besser nutzen, um kundenorientierte Service- oder Geschäftsmodelle zu entwickeln. Innovationen ermöglichen neue technologische Entwicklungen, günstigere Prozesse, neue Kundenerlebnisse, neue Wachstumsmöglichkeit und steigenden Profit. Neben der Technologie brauchen wir aber eine zukunftsfähige Organisation, die die Zukunft versteht und darauf basierend Innovationen aufbauen kann.

Ich habe dazu ein Schlüsselwort gefunden. NEUGIER! Neugier ist eine wichtige Triebfeder für Innovationen. Sie führt dazu, dass Menschen neue Ideen entwickeln und nach neuen Lösungen für Probleme suchen. Wenn Menschen neugierig sind und die Welt um sich herum erkunden, sind sie offen für neue Erfahrungen und können dadurch auch neue Ideen entwickeln und innovative Lösungen finden. Neugier ist also ein wichtiger Faktor, der dazu beitragen kann, dass sich Dinge weiterentwickeln und verbessern.

Laut einer Studie von Merck zeigt sich Neugier in Dimensionen, die gemeinsam die Grundlage einer multidimensionalen Neugierwirksamkeit sind:

- **Kreativität bei Problemlösung:** Jeder Mensch ist kreativ. Kreativität ist die neue Produktivität. Neue und originelle Lösungen für Probleme zu finden, indem man über die üblichen Denkmuster und Ansätze hinausgeht. Es erfordert die Fähigkeit, verschiedene Perspektiven zu betrachten und die Verbindung von unterschiedlichen Ideen und Konzepten herzustellen. Die Menschen sind grundsätzlich neuem Wissen gegenüber aufgeschlossen.
- **Wissbegierde:** Menschen, die Neugier zeigen, sind oft nicht nur im eigenen Wissensbereich aktiv und sehen dort Wissenslücken, sondern blicken auch neugierig über den Tellerrand, sehen Lücken in einem größeren Kontext, und sind bestrebt, in einem größeren Zusammenhang diese zu begreifen und lösen zu wollen. Das bedarf u.a. aber einer relevanten Eigenschaft, die jetzt folgt.
- **Offenheit für Ideen anderer:** Es braucht die Offenheit, unterschiedlichste Perspektiven, Meinungen, Anschauungen und Ideen anzuerkennen und so couragiert zu sein, Lösungsansätze anzustreben, die vielleicht fachfremd, oder gar unlogisch wirken. Das wiederum braucht eine gesunde Anpassungstoleranz, die die Neugier bestärkt.
- **Stresstoleranz:** Man muss bereit sein, sich der Unruhe und dem Unbehagen zu stellen, das beim Erkunden des Neuen, Unbekannten und Unsicheren entsteht. Bei Neugier geht es nicht nur darum, neue Ideen zu finden. Es geht auch um die Fähigkeit, mit dem Neuen, dem Komplexen kreativ umgehen zu können. Es geht darum, dass man weitermachen kann und will, auch wenn das Neue unangenehme Gefühle hervorruft. An dem Punkt aber scheitern viele, schalten unbewusst auf kognitive Dissonanz und schwächen damit die Neugier und Kreativität.

1 Wie entwickeln wir eine Neugier-Kultur in der Organisation?

Der österreichische Physiker Anton Zeilinger, der in Stockholm den Nobelpreis erhielt, hält „Kreativität und Neugier" für das wichtigste Gut in einer Gesellschaft. Zeilinger sagt: „Als wir mit unseren Experimenten in den 1970er Jahren starteten und uns Leute fragten, wofür das gut sein soll, musste ich sagen: Für nichts, wir tun das nur aus Neugierde".

Aber gilt das auch für moderne Organisationen? Meine Antwort ist eindeutig: JA!

Nach meiner Analyse von Versicherungsorganisationen ist eindeutig zu sehen, wo Mitarbeiterausbildung eine wichtige Rolle spielt. Ich habe einen „Werkzeugkasten" für die Branche entwickelt, wo Innovationsmethoden und Tools vorgestellt werden, um eine agile, innovative und neugierige Organisation aufbauen zu können. Eine lernende Organisation wird dadurch ermöglicht, aus einem „Fixed Mindset" durch „Innovation Mindset" ein „Growth Mindset" zu entwickeln. Für eine Entwicklung in diese Richtung braucht man Unterstützung vom Management, transparente Prozesse und eine offene Diskussionskultur. Wenn diese Möglichkeit für mehrere Mitarbeiter geschaffen wird, entsteht ein richtiger Team-Spirit. Für unser Programm wurden von einem Unternehmen sieben junge Leute nominiert, die dann gemeinsam eine TikTok-Strategie entwickelten und kreative Videos erstellten. Derzeit erreichen sie mehrere Millionen Menschen, um über Versicherungsthemen klar und verständlich zu informieren. Ich finde es großartig, wenn ein „High Impact Leader" das alles ermöglicht. Dadurch entsteht eine leistungsstarke „Community", nicht nur innerhalb des Unternehmens, sondern auch mit (potenziellen) Kunden.

Dietmar Eidens, Chief HR Officer bei Merck, vertritt die Meinung, dass:

„Unternehmen vor allem nicht nur in Technologien investieren sollten, sondern eine Innovationskultur fördern, in der die Beteiligten offen sind und mit neuen Ideen und Konzepten experimentieren können, um so ihr volles Potenzial zu entfalten. Mit unserem HR-Team hier bei Merck haben wir eine umfassende Strategie entwickelt, um dies zu erreichen: Wir sind attraktiv für neugierige Talente und bemühen uns noch mehr, ihnen über spezielle Programme und Möglichkeiten ein innovationsfreundliches Umfeld zu bieten. Das macht unsere Mitarbeiter so einzigartig und gibt ihnen die Expertise, die Erfahrung und das Interesse, um Innovation voranzutreiben."

2 Wie entwickeln wir unsere Organisation für morgen?

Laut einer INSEAD Studie mit 3.000 Mitarbeitern aus verschiedenen Industrien und Hierarchien fühlen sich nur 24 % neugierig in ihrem täglichen Job. Ob das in der Versicherungsbranche höher wäre, ist zumindest fraglich.

Wir sind aber dafür verantwortlich, wie die Versicherungsbranche als zukunftssichere und spannende Branche dargestellt und entwickelt wird. Dazu brauchen wir neugierige, mutige und kreative Mitarbeiter, die diese Branche weiterentwickeln wollen. Junge Menschen möchten Intrapreneure, besser gesagt „Insurpreneure" sein! Kennen Sie unsere LinkedIn Gruppe „Insurpreneur – Insurance Innovators"?

Neugier-Kultur zu entwickeln, ist wichtiger als viele Führungskräfte denken. Wenn uns etwas interessiert, werden wir viel eher nach Lösungen suchen und kreative Ideen entwickeln.

2.1 Neugierige Mitarbeiter aufnehmen

Kennen Sie die Geschichte von 2004, als auf einem Werbeplakat an einer Autobahn in San Francisco nur 10 Zahlen.com (7427466391.com) gestanden sind? Das war eine Webseite von Google, wo ein Job angeboten wurde und die Möglichkeit sich zu bewerben.

Eric Schmidt, CEO von Google (2001-2011) sagte:„Wir bauen unsere Gesellschaft auf Fragen auf, nicht auf Antworten."

Es ist sehr wichtig, wenn Mitarbeiter mehr über die Gesellschaft, andere Abteilungen oder Zusammenhänge in der Branche verstehen und wissen wollen. Aber es reicht nicht, dass die Mitarbeiter es wollen, sondern wir müssen es ihnen ermöglichen. Aber wie?

Neue Mitarbeiter sollen die Möglichkeit bekommen, in anderen Abteilungen (üblich ist das beim Onboarding Prozess) mitarbeiten zu können, oder Ausbildungsmöglichkeiten außerhalb der eigenen Organisation erhalten. Im Insury Talent Network hat sich nach einem Pilotjahr herausgestellt, dass die meisten Beschäftigten neugierig waren, wie bei anderen Gesellschaften die Probleme gelöst wurden und wie die Lösungen bei anderen Gesellschaften funktionierten.

Kennen Sie die Aussage „Hire for attitude, train for skills"?

Das World Economic Forum hat veröffentlicht, welche Skills in der Zukunft für Erfolg entscheidend sein werden. Die 10 Top-Skills sind:

1. Komplexe Problemlösung
2. Kritisches Denken
3. Kreativität
4. Menschen führen
5. Sich mit anderen koordinieren
6. Emotionale Intelligenz
7. Urteilsfähigkeit und Entscheidungsfähigkeit
8. Verhandlungsgeschick
9. Serviceorientierung
10. Kognitive Flexibilität

Haben Sie schon eine Top-Skills-Checkliste für Ihr Unternehmen entwickelt, um die besten Talente nach diesen Kriterien einzustellen? Haben Sie eine neue, zukunftsorientierte „Learning & Developing"-Strategie entwickelt? Können Ihre Mitarbeiter täglich neue Skills erwerben?

2.2 Wissensdurst entwickeln, weil Neugier zu entwickeln braucht Bildung

Der Fachkräftebedarf der Versicherungsbranche an motivierten und talentierten Mitarbeiter:innen, die etwas bewegen und gestalten wollen, wächst. Drei von vier Versicherungsunternehmen leiden heute unter einem Mangel an Fachkräften. Wir wissen alle, dass bis 2030 rund 30 % an bisher geleisteter Arbeit wegfallen wird, aber es werden zu einem Drittel neue Jobs, die andere Qualifikationen brauchen, entstehen. Das bedeutet, dass wir digitale Kompetenzen, Innovations-Know-how und Neugier entwickeln müssen. Dazu brauchen wir „High Impact Leaders" mit Mindset, die eine Vision über eine zukunftssichere Branche sehen. Derzeit sind noch zahlreiche Manager in der Branche, die die Gegenwart und Vergangenheit gestalten. Das sah man auch an der Aussage anlässlich der Nominierung ihrer jungen Kollegen für das „Insury Talent Pitching“ (MOI – Insurance Innovation Day/Wien), sie hätten? Angst, die Talente zu verlieren, weil sie abgeworben werden könnten. „High Impact Leaders“ sehen aber eher eine Möglichkeit, ein „Employer Branding“ zu betreiben und stolz auf ihre Talente zu blicken. Wie wollen Sie Ihre Mitarbeiter auf Wissen hungrig machen und Wettbewerbsvorteile durch ausgebildete Talente gewinnen?

Neugier kann nur entwickelt werden, wenn die Führungskräfte selbst neugierig sind. Ich kenne Organisationen, wo die Führungskräfte kein Interesse haben, etwas weiterzubringen, kein Interesse am Wachstum ihrer Mitarbeiter haben und eher die Entwicklung nur blockieren mit dem Satz:„Bei uns geht das nicht“. Kennen Sie „Idea Killer Bingo“?

Aber wie Greg Dyke zum neuen Direktor der BBC ernannt wurde, hat er sich in allen Betriebsstätten vorgestellt und sich mit Mitarbeitern unterhalten. Jeder hat erwartet, dass er lange Vorträge über Strategie und Vision präsentieren wird, aber er hat immer nur 2 einfache Fragen gestellt:

1. „Was sollte meine Aufgabe sein, die ich für Dich besser machen könnte?“
2. „Was sollte ich tun, damit die Dinge für unsere Seher und Hörer besser werden?“

Als er nach dieser Kennenlernen-Tour seine Gedanken zusammenfasste, hat er 2 wesentliche Aussagen getroffen. Das Wichtigste ist, richtige Fragen zu stellen und zuzuhören.

In der Versicherungswelt ist heute alles im Fluss: Firmen werden zusammengeführt oder verkauft, neue Geschäftsmodelle und Technologien entstehen, InsurTechs wollen distruptive Lösungen entwickeln, aber eines ist wichtig, wir alle müssen permanent unser Wissen erweitern, um wettbewerbsfähig zu bleiben.

Erlauben Sie Ihren Mitarbeitern, Fragen zu stellen? Sind Sie bereit, alles zu erklären? Führen Sie eine offene Diskussionskultur oder wollen Sie doch bestimmen, wohin die Reise geht? Was machen Sie, wenn die Mitarbeiter Fehler machen? Erlauben Sie Ihren Mitarbeitern, an offenen Schulungen teilzunehmen oder haben Sie Angst, dass die Mitarbeiter abgeworben werden könnten?

2.3 Gemeinschaft, „Community" bilden

Jedes Unternehmen hat ein bestimmtes Ökosystem. Wenn ein Unternehmen systematisch eine offene Kultur aufbaut, ist es viel leichter, neugierige Mitarbeiter zu motivieren, um etwas Neues zu schaffen. Die Mitarbeiter verstehen, wo Innovationen, Kooperationen und Ökosysteme entstehen können. Aber wie bilden wir ein Ökosystem und wo können wir von „In the Box" und „Out of the Box" denken?

Zu einem Ökosystem gehören alle Mitarbeiter, Kunden und andere Unternehmen, die direkt oder indirekt am Unternehmen oder dem Geschehen beteiligt sind.

Sie verfolgen das Interesse, die eigenen Vorhaben möglichst erfolgreich zu gestalten. Versicherungsunternehmen können ein Teil des Ökosystems sein und systematisch daran arbeiten, wo durch gemeinsame Perspektiven neue Geschäftsmöglichkeiten entstehen.

Wenn wir unseren neugierigen Mitarbeitern die Möglichkeit bieten, über den Tellerrand zu blicken, um neue Geschäftsfelder zu suchen, können zahlreiche Produkte, Services und Geschäftsmöglichkeiten entstehen. McKinsey nennt fünf zentrale Ökosysteme: Mobilität, Wohnen, Gesundheit, Vermögensverwaltung und B2B-Services. In dieser „neuen Welt" können Versicherer völlig neue Geschäftsmodelle entwickeln, aber dazu müssen wir die Neugier der Mitarbeiter für die Zukunft fördern und das Verständnis für die neuen Bedürfnisse des Versicherungskunden schaffen.

2.4 Fördern wir „4C": Curiosity, Collaboration, Creativity, Complexity in der Organisation?

Neugier, Kreativität, Kollaboration und Komplexität sind alles miteinander verbundene Konzepte, die sich gegenseitig beeinflussen und unterstützen können. (1a)

Neugier ist eine Triebfeder für das Lernen und Entdecken, die uns dazu inspiriert, neue Dinge zu erforschen und zu verstehen. Es kann uns helfen, neue Perspektiven zu gewinnen und uns dazu ermutigen, kreative Lösungen für Probleme zu finden. Haben Sie ihren Mitarbeitern ermöglicht, in verschiedenen Bereichen Einblick zu bekommen? Haben Sie bei Schulungsmaterialen wichtige Zusammenhänge der

Versicherungsbranche dargestellt? Haben Sie eine interne Kommunikation, wo Erfolge und Informationen veröffentlicht werden?

Kreativität ist die Fähigkeit, neue und originelle Ideen zu generieren. Ohne Neugier würde die Kreativität sehr eingeschränkt sein, da man sich nicht mit neuen Themen auseinandersetzen würde. Kreativität kann auch dazu beitragen, Probleme und Herausforderungen in komplexen Situationen zu lösen. Haben Sie schon daran gedacht, etwas Einzigartiges (Marketingkampagne oder Produkt) auf den Markt zu bringen? Haben Sie ein USP für Ihr Unternehmen entwickelt, das kein anderes Unternehmen hat oder kopieren kann? Haben Sie kreative Räume im Büro geschaffen, wo die Mitarbeiter ihre Projektsitzungen abhalten können?

Kollaboration bezieht sich auf die Zusammenarbeit mit anderen, um gemeinsam Ziele zu erreichen. Kreative Lösungen für Probleme erfordern oft die Zusammenarbeit von Menschen mit unterschiedlichen Fähigkeiten und Perspektiven. Kollaboration ermöglicht es uns, unsere Gedanken und Ideen auszutauschen und voneinander zu lernen. Wird bei Projektarbeiten ermöglicht, dass Mitarbeiter aus verschiedenen Abteilungen mitmachen? Haben Sie schon die Silo-Organisation abgeschafft? Nutzen Sie Innovations- und Kreativitätsmethoden bei Ihrer täglichen Arbeit? Sind in Ihrer Organisation ausgebildete Design Thinker oder Mitarbeiter, die Business Modell Innovation gut kennen?

Komplexität bezieht sich auf die Anzahl von Elementen und die Verknüpfungen zwischen diesen Elementen in einem System oder einer Situation. Kreativität und Kollaboration können helfen, komplexe Probleme zu lösen, indem man neue Perspektiven und Ideen einbringt und die Zusammenarbeit mit anderen fördert. Haben Sie schon daran gedacht, Prozesse und Produkte zu vereinfachen? Wo kann die Technologie helfen, die Komplexität zu reduzieren?

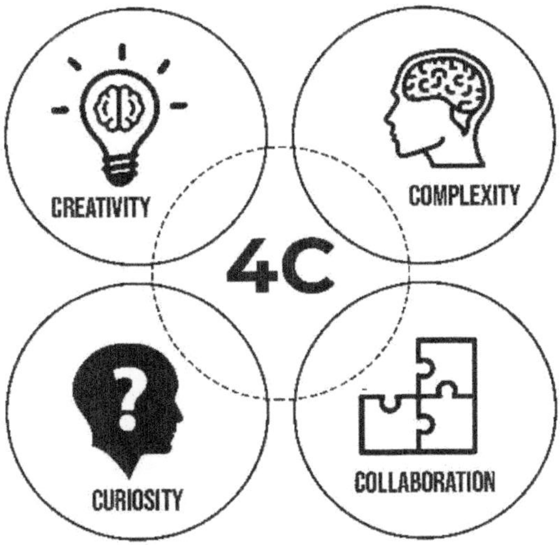

Abb. 1: Die „4C"
Quelle: Erika Krizsan

2.5 Der neue Führungsstil erfordert, dass CEO`s „Curiosity Enhancing Officer" werden

In der Merck Studie 2018 wurde veröffentlicht, dass „kognitive Flexibilität, ein Geschenk der Evolution, uns unendlich viele Innovationen bietet; aber es ist die Neugier, die uns dazu bringt, ihre Kraft voll auszuschöpfen." Damit Unternehmen dieses Potenzial voll nutzen können, braucht es jedoch weniger die Fixierung auf neue Technologien, sondern den Mut für eine offene Arbeitskultur, eine Kultur der Gemeinschaft, in der man auf den Ideen anderer aufbaut, in der es mehr darauf ankommt, Fragen zu stellen, als Antworten zu geben – kurz gesagt: eine Kultur der Neugier. Der CEO soll in Zukunft ein „Curiosity Enhancing Officer" sein. Sind Sie auch neugierig geworden?

Suchen Sie weitere Informationen über Neugier oder wollen Sie Neugier trainieren? Hier finden Sie weiterführende Informationen:

Quellen:

https://www.merckgroup.com/en/company/curiosity/train-your-curiosity.html

https://www.merckgroup.com/research/science-space/envisioning-tomorrow/future-of-scientific-work/WorkplaceCuriosityAsAFactorOfSuccessForDrivingInnovation.pdf

https://www.merckgroup.com/en/research/science-space/envisioning-tomorrow/future-of-scientific-work/activate-curiosity.html

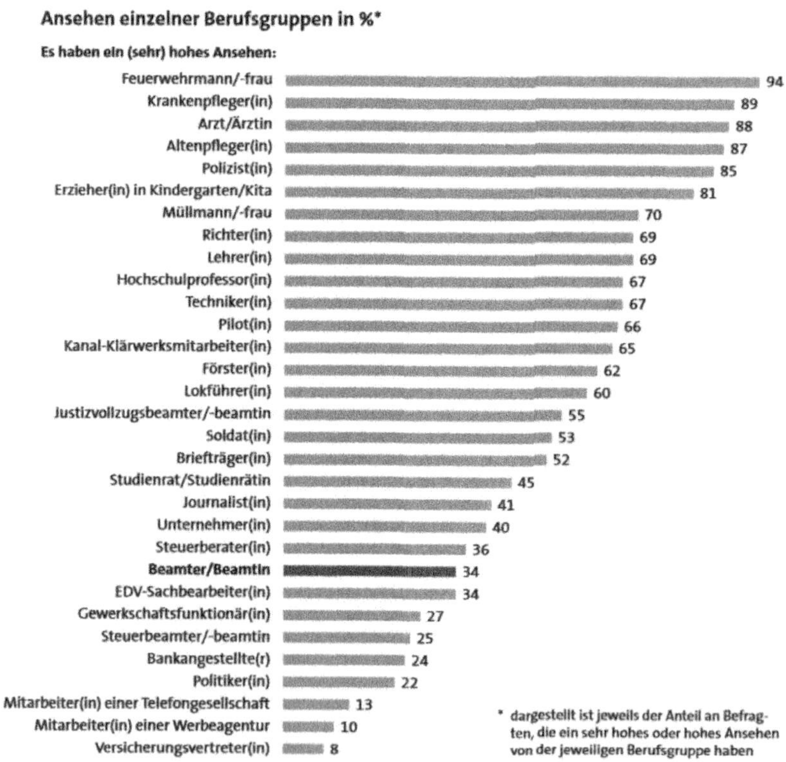

Abb. 2: Ansehen einzelner Berufsgruppen in %

Quelle: https://versicherungsprofi.online/vermittlerwelt/themen-und- betriebe/versicherungsvertreter-schlechtes-image-wichtige-rolle_02161/

Vergütung, Nachhaltigkeit, ChatGPT: Was bewegt den FDL-Vertrieb nach Corona?

Lars-Georg Volkmann

Corona ist vorüber – dieser Eindruck bekräftigt sich Anfang 2023. Kommt damit auch für die Versicherer in Deutschland beim Vertrieb ein „Zurück zur Normalität"? Ich glaube das nicht. Dafür waren die Veränderungen zu grundlegend. Und die nächste Welle macht sich bereits bemerkbar: KI, die Künstliche Intelligenz, deren Einsatz auch im Versicherungsvertrieb zum Renner des Jahreswechsels wurde. Ende November 2022 vorgestellt, wurde sie innerhalb eines Monats in jeder Branche zum Thema, vom Assistenten bis zum Vorstand. Die Frage von Herbert Fromme, ob ChatGPT „Hype oder Revolution" in der Assekuranz sei, ist noch offen, wird aber in diesem Jahr beantwortet. Schon jetzt zeigt sich, dass die Hoffnungen einer quasi kostenlosen, aber effektiven Kundenkommunikation verfrüht sind. Trotzdem könnte ChatGPT zum „iPhone-Moment" für viele Branchen werden, schon alleine, weil er viel Kreativität freisetzt.

Die Folgen der COVID-19-Pandemie haben die Versicherer einigermaßen gut weggesteckt. Corona brachte einen erzwungenen Digitalisierungsschub ohnegleichen: Abläufe, Strukturen, Geschwindigkeiten – es kam in den Unternehmen zu regelrechten Sprunginnovationen. Plötzlich wurde nicht mehr diskutiert, sondern funktioniert: Idee, Analyse, Entscheidung, Umsetzung. Gerade der hybride Vertrieb ist jetzt etabliert und wird bleiben – schon allein, weil die Kunden es so wollen.

Was dabei gern übersehen wird: Auch der personale Vertrieb hat während Corona seine Feuerprobe bestanden. Denn der Vermittler hat bewiesen, welche Bedeutung er für die Betreuung der Kunden hat – er ist entscheidend für das bestehende wie für das Neugeschäft der Versicherer. Das ergeben auch Untersuchungen von Endkunden, die befragt werden, auf welchem Weg sie bevorzugt eine Versicherung abschließen möchten, so zuletzt von pwc mit den Versicherungsforen Leipzig Ende 2021. Dort steht nach wie vor auf Rang 1 der Versicherungsvermittler des Vertrauens. Die Befragung bestätigt die Erfahrungen der Versicherer in der Pandemie. Dort zeigte sich: Den Vermittler kontaktieren zu können, ist das Wichtigste – sei es per Videochat, E-Mail oder im Telefonat. Für die wichtigen, kniffligen Themen bevorzugt der Kunde nach wie vor den persönlichen Kontakt. Damit hat der hybride Vertrieb die Effizienz für beide Seiten gesteigert.

Nun ist Versicherungsvermittler aber ein Beruf, aus dem mehr rausgehen als rein. Das zeigt jedes Jahr die Zahl im Vermittlerregister: im Jahr 2022 wieder rund 2.000 Vermittler weniger als im Vorjahr. Zum Januar 2023 sind bundesweit 190.708 Personen als Vermittler im Register des Deutschen Industrie- und Handelskammertags (DIHK) erfasst. Es scheint nur bedingt attraktiv, als gebundener Vermittler neu einzusteigen. Obwohl viele Gesellschaften den roten Teppich ausrollen, gab es von 2020 bis 2022 den deutlichsten Rückgang bei den gebundenen Vertretern von 118.000 auf rund 112.000. Das hat seine Gründe. Denn die Kerze der AO-Vermittler brennt zumindest an beiden Enden: Die Einnahmen brechen weg, und gleichzeitig steigen die Kosten privat und geschäftlich (Stichwort: Energie) ohne Ausgleichsperspektive. Man muss kein Prophet sein, um zu sagen: Die Zahl der Vermittler wird nochmal deutlich sinken – und sei es durch Privatinsolvenzen. Wem das zu dramatisch klingt, sei verwiesen auf Untersuchungen von Prof. Beenken zum Vermittlereinkommen.

Wenig Impulse verspricht auch das Direktgeschäft der Versicherer, es bleibt ein vergleichsweise schmaler Kanal. Hier finden sich die Ableger großer Versicherungskonzerne, auch die deutlichen Marktführer sind unverändert die HUK24 im Sachbereich und die Cosmos bei Lebensversicherungen. Gleichwohl ist der Anteil der Versicherungen, die über den Kanal Internet vertrieben werden, entgegen vieler Vorhersagen in den letzten Jahren nicht wesentlich gestiegen. 2-15 %je nach Sparte – das ist der Anteil des Direktvertriebs am Neugeschäft gemäß den Zahlen des Gesamtverbands GDV.

Interessant gestaltet sich die Lage bei den Vergleichsportalen: Check24 und Verivox sind immer wieder in den Schlagzeilen, auch durch Gerichtsverfahren. Das Grundproblem: Interessenten erhalten bei Suchen nur eine eingeschränkte Zahl von Anbietern – jene, die das Portal dafür bezahlen. Ende 2021 ergingen kurz hintereinander zwei Urteile gegen Check24 und Verivox bei Privathaftpflichtversicherungen. Beide müssen künftig ausdrücklich darauf hinweisen, dass die Anbieter, die der Interessent angezeigt bekommt, nur eine stark eingeschränkte Auswahl von Angeboten des Gesamtmarktes darstellen. Verivox argumentierte, kein Makler zu sein, doch verzichtete schließlich darauf, vor den Bundesgerichtshof zu gehen. Die Vermutung ist nicht abwegig, dass diese Gerichtsurteile für die Haftpflicht sich auf andere Versicherungssparten bei den Portalen ausweiten werden. Die Rolle der Portale wird auch künftig umstritten sein und weiteren Anlass bieten für Auseinandersetzungen.

Ziemlich nachgelassen hat die Aufregung um die Insurtechs – weltweit kommen die Bewertungen unter die Räder. Damit wird sich verstärkt fortsetzen, was sich 2022 abzeichnete: Etablierte Versicherungsgesellschaften kaufen Start-ups oder beteiligen sich, um frische Impulse zu bekommen. Auch Allianz-Chef Oliver Bäte bekannte offen, wie viel er von Lemonade gelernt habe seit der Beteiligung der Allianz. Damit werden die Insurtechs mehr und mehr zur Frischzellenkur für Versicherer. Hier rächt sich umso mehr die abwartende Haltung so manches traditionsreichen deutschen Versicherers, der die Gelegenheit verstreichen ließ, sich frühzeitig und günstig zu beteiligen an heutigen Schwergewichten. Doch selbst die starken Einhörner kämpfen: Wefox musste sich die Frage gefallen lassen, ob der Umsatz nicht bloß zusammengekauft sei, und im Januar sogar die Schlagzeile hinnehmen „Milliarden-Insurtech setzt Teile der Belegschaft vor die Tür".

Hingegen ist bei den Banken als Vertriebsweg für Versicherungen die Lage grosso modo unverändert – und zwar unverändert schwach. Denn wo es keine Bankfilialen mehr gibt, werden auch keine Bank-FDL verkauft. Zwar konnten Banken zuletzt bei Einmalbeiträgen zulegen, doch bei Schaden/Unfall oder Krankenversicherung liegen die Anteile nach wie vor bei mageren 4-5 %. Zwar bekräftigte der langjährige Allianz-Mann und heutige Chef der Commerzbank, Manfred Knof, im letzten Jahr: „Die Bancassurance ist in Deutschland heute viel besser als ihr Ruf." Trotzdem hat das Konzept Allfinanz es auch nach 20 Jahren nur in Ausnahmefällen geschafft, wieder auf die Beine zu kommen. Und dies, obwohl nach wie vor 3 von 4 Menschen in Deutschland bei Befragungen erklären, ihre erste Finanzadresse sei die herkömmliche Bank. Diese starke Stellung zu monetarisieren, ist Banken und Sparkassen in Deutschland bis heute nur in Ansätzen gelungen – während in den Ländern Südeuropas rund drei Viertel der Leben-Produkte über den Bankschalter verkauft werden. Auch dies zeigt die starke Bedeutung des personalen Vertriebs für die hiesige Versicherungswirtschaft.

Hier ist vermehrt der Makler gefragt. Dieser Vertriebsweg wird für Versicherungen immer wichtiger durch seine fachliche Kompetenz, die Marktbreite der Angebote und die persönliche Betreuung. Dass jedoch über einen Versicherungsmakler sogar im Manager-Magazin berichtet wird, hätte man bisher nicht erwartet. Doch die Ecclesia, Deutschlands größter Makler und im Besitz der evangelischen Kirche sowie des Caritasverbands, war im Januar 2023 dem bekanntermaßen kritischen Blatt eine anerkennende Story wert. Denn die Detmolder stemmen ein Prämienvolumen von 2,4 Milliarden Euro im Jahr mit rund 2.300 Mitarbeitenden und sind weiter auf Wachstumskurs, so wie fast alle Makler einer gewissen Größe.

Denn derzeit gilt: Makler müssen kaufen oder verkaufen – grow or go. Zukäufe und größere Einheiten versprechen größere Verhandlungsmacht gegenüber den Versicherern. Durchaus mit steigender Erfolgsquote: In den letzten Jahren haben Makler im Neugeschäft weiter aufholen können gegenüber der AO. Es fällt auf, dass gerade Private Equity stark in Maklerpools investiert. Neben den üblichen Gründen wie Marktmacht, Fixkostenverteilung und Besetzen der Kundenschnittstelle zeigt sich meines Erachtens vor allem eines: Die Private Equity-Gesellschaften sehen im Maklermarkt eine viel bessere Zukunft als jene Vermittler, die gerade ans Aufgeben denken.

Die Unabhängigkeit ist das Markenzeichen des Maklers – auch in der Abgrenzung zu Mehrfachagenten. Denn die Frage bleibt: Sind diese wirklich unabhängig? Im Jahr 2009 erhob die DVAG eine Klage gegen den AWD-Claim als „unabhängiger“ Finanzoptimierer. Daraufhin wechselte die Bezeichnung zu „persönlicher“ Finanzoptimierer bis zur Umbenennung in SwissLifeSelect. Zuletzt 2019 erging eine Entscheidung des OLG Hamburg gegen einen Mehrfachagenten wegen Werbung mit „Unabhängigkeit aus Prinzip“, denn der Mehrfachagent stehe immer im Lager der Versicherer, so das Gericht.

Insgesamt bleibt die Anzahl der Makler hierzulande recht unverändert bei rund 46.000, wobei der typische Einzelmakler rund 500 Kunden betreut. Kleinere inhabergeführte Maklerhäuser stehen mittlerweile eher zum Verkauf als noch vor der Pandemie. Schließlich braucht ein Makler eine gewisse Mindestgröße, und gerade die Digitalisierung bedeutet einen zum Teil erheblichen Investitionsbedarf. Noch einschneidender macht sich jedoch der demografische Wandel bemerkbar – die Generation der Makler-Boomer geht in den Ruhestand. Die Nachfolgefrage ist dabei oft nicht zufriedenstellend gelöst. Zwei von drei Maklern der Generation 60 plus haben ihren Ruhestand noch nicht geregelt und wollen ihre Bestände bestmöglich verkaufen. Hinzu kommt: Makler mit Schwerpunkt in Branchen, die von Corona besonders betroffen waren – zum Beispiel Gastronomie oder Touristik – haben es besonders schwer.

1 Nach Vermittlung und Vergütung: Nachhaltigkeit als neues Schmerzthema

Im Versicherungsvertrieb wird die Regulierung immer stärker spürbar, von der Produktinformation bis zur Vergütung. Zur Beschreibung der Lage wählt manch einer deutliche Worte: „Die europäische Regulierungswelle droht einen fast zu überrollen. Sie ist inzwischen so schnell, dass man faktisch meist hinterherhetzt: Während man noch damit beschäftigt ist, ein neues Gesetz in die Praxis umzusetzen, kommt schon die nächste Regulierung." So spricht aber kein Versicherungschef heute, sondern schon im März 2015 der damalige Exekutivdirektor der Wertpapieraufsicht und Vizepräsident der BaFin, Karl-Burkhard Caspari, als er in den Ruhestand ging. Derart offene Worte von einem profunden Kenner der Materie auf Seiten der Regulierer sind selten.

Gleichwohl stand im Programm der Grünen zur Bundestagswahl 2021: „Wir werden die provisionsbasierte Beratung von Kleinanlegern vollständig durch unabhängige Honorarberatung ersetzen und setzen uns auch im EU-Finanzmarktrecht für ein Ende der Provisionsberatung ein". In der Ampel-Koalition wurde das Thema von der FDP abgeräumt. In Deutschland geht indes die Diskussion um den Provisionsrichtwert weiter. Anfang November 2022 nahm die Bafin Stellung zu den Provisionen für kapitalbildende Lebensversicherungen. Auch wenn die von der Branche befürchtete Obergrenze für Provisionen nicht kam – die Aufsicht stellte klar, dass sie in einer risikobasierten Betrachtung den Effektivkosten große Beachtung schenken wird. Vielleicht auch deshalb sagen langgediente Vertriebschefs wie Frank Kettnaker von der ALH: „Die Regulierung der Vergütung kommt letztendlich über Brüssel zu uns - es ist nur eine Frage der Zeit." Das könne auch mehrere Jahre sein, doch die grundsätzliche Richtung ist unverändert.

Noch komplexer ist das Thema Nachhaltigkeit: Seit Anfang August 2022 muss der Vertrieb von Finanzprodukten und Fondsanteilen die Nachhaltigkeit darstellen. Dabei steht ESG für die drei Dimensionen Umwelt/Ökologie, Sozialstandards und Governance, also Unternehmensführung. Bisher waren im Zielkorridor des Anlegers drei Kriterien: Rendite, Risiko und Liquidität. Jetzt kommt mit Nachhaltigkeit ein viertes hinzu. Aber: Während sich Laufzeiten, Renditen und Risiko gegenseitig bedingen, ist Nachhaltigkeit ein Faktor, der gleichberechtigt zu allen gilt. Und dies, obwohl es weiterhin keine verbindliche Nomenklatur gibt, was und in welchem Grad etwas nachhaltig ist. Nachhaltigkeit ist Meinungssache. Und wie schnell sich derartige Meinungen ändern können, zeigte im Jahr 2022 zum Beispiel die Atomkraft und die Rüstungsindustrie: vom Schmuddelkind zum Zukunftsfeld der Politik großer EU-Länder.

Seit der Finanzkrise von 2008 machen sich manche Verbraucherschützer für Honorarberatung und Nettotarife stark. Trotzdem hat die Honorarberatung auch nach über 15 Jahren noch keine nennenswerte Marktdurchdringung erreicht. Es zeigt sich, dass einkommensschwache Haushalte eher über die AO und Bankvertriebe versichert werden, während Makler eher Firmen und einkommensstärkere Privatkunden betreuen. Der Gesetzgeber hat weder Honorarberatung noch Nettotarif begrifflich festgelegt, und Interessenkonflikte sind auch dort nicht ausgeschlossen. Und so ist die Realität heute: rund 300 reine Versicherungsberater und eine überschaubare Anzahl von Nettotarifen.

Doch was ist mit Großbritannien? Dort wurden 2012 die Provisionen abgeschafft, was den Gegnern einer Provisionsvergütung oft als Beispiel dient. Anfang 2023 zogen nun Regulierer und Branchenvertreter gemeinsam Bilanz nach zehn Jahren. Das Ergebnis ist ernüchternd: Honorarberatung leisten sich mehrheitlich vermögende Menschen. Denn im Durchschnitt verfügt ein Kunde in Großbritannien über rund 150.000 Pfund. Jeder zweite Berater nahm nur Kunden mit mindestens 50.000 Pfund Vermögen. Durch das Raster fallen Menschen, die nur 10.000 Pfund oder mehr mitbringen – immerhin zehn Millionen Briten. Es ist schwer vorstellbar, dass eine Bundesregierung – gleich welcher Farbe oder Konstellation – derartiges für Deutschland riskieren würde.

Darüber hinaus sehen die Praktiker im Vertrieb auch kritische Themen, die ein stärkeres Augenmerk der Regulierer bedürften: zum einen das Wirken von Finanz-Influencern („Finfluencer") auf Social-Media-Kanälen. Hier sprechen Menschen locker und ganz persönlich über Finanzthemen und finanzieren sich dabei über Affiliate-Links – jedoch ohne nachgewiesene Kenntnis der Materie, und vor allem ohne jede Haftung für ihre Aussagen.

Hinzu kommt zweitens die Unkenntnis der Kunden über die Arten der Vergütung von Vermittlern. Wie eine Umfrage der Liechtenstein Life unter rund 2.500 Personen Ende 2022 ergab, wissen rund ein Viertel nicht, wer eigentlich den Vermittler bezahlt. Auch hier zeigt sich die mangelnde finanzielle Grundbildung, die in Deutschland ein wirkliches Problem darstellt, was andere Länder bereits zum Teil als Schulfach („financial literacy") in den Bildungskanon aufgenommen haben. Denn gerade die unabhängig beratenden Vermittler suchen die aufgeklärten, informierten Kunden – weil es damit für beide Seiten nachhaltig besser läuft.

Nachhaltigkeits-Boost für Ihr Unternehmen: Die Rolle der Clusteranalyse

Raphael Meyer-Alten

Die Geschäftswelt konzentriert sich zunehmend auf Nachhaltigkeit – die Fähigkeit, so zu wirtschaften, dass sie den Bedürfnissen heutiger Generationen entspricht und gleichzeitig die Umwelt für zukünftige Generationen schützt. Es gibt viele Möglichkeiten, wie Unternehmen ihre Nachhaltigkeit steigern können, aber ein oft übersehenes Instrument ist die Clusteranalyse.

Die Clusteranalyse ist eine statistische Technik, mit der gruppenähnliche Objekte innerhalb eines Datensatzes identifiziert werden können. Es kann verwendet werden, um Kunden nach ihren Kaufgewohnheiten zu gruppieren, Trends in Finanzdaten zu identifizieren oder betrügerische Aktivitäten zu erkennen. Im Kontext der Nachhaltigkeit kann die Clusteranalyse genutzt werden, um zu identifizieren, welche Unternehmen in Bezug auf nachhaltige Praktiken führend sind und welche noch einiges zu tun haben.

Es gibt sechs verschiedene Arten von Clustern, in die Unternehmen fallen können, von denen jede ihre eigenen Auswirkungen auf die Nachhaltigkeit von Unternehmen hat: die Spannbreite reicht von Nachzüglern mit der geringsten Ausprägung nachhaltiger Anstrengungen bis zu Pionieren, die dem Namen folgend mit Mut und Engagement glänzen.

Ausprägung von Nachhaltigkeit						
Bezeichnung des Clusters	Nachzügler	Nachahmer	moderate Innovatoren	frühe Innovatoren	Führend	Pioniere

Abb. 1: Einfache Visualisierung der Verteilung der sechs Cluster

Die Rolle der Clusteranalyse besteht darin, Unternehmen dabei zu helfen, ihre Nachhaltigkeit zu steigern, indem sie identifizieren, wo sie im Spektrum liegen und was sie tun müssen, um auf die nächste Stufe aufzusteigen. Zum Beispiel könnte ein Unternehmen, das derzeit ein Nachzügler ist, Clusteranalysen verwenden, um zu sehen, was Führungskräfte anders machen, und dann einige dieser Praktiken implementieren.

1 Was ist Nachhaltigkeit und warum ist sie wichtig für Unternehmen?

Der Begriff „Nachhaltigkeit“ wird oft synonym mit anderen Begriffen wie „grün“ oder „ökologisch“ verwendet. Während diese Begriffe verwandt sind, haben sie jeweils ihre eigene Bedeutung. Nachhaltigkeit bezieht sich auf die Fähigkeit eines Ökosystems, sich im Laufe der Zeit selbst zu erhalten. Dazu gehört die Fähigkeit des Menschen, seinen Bedarf an Nahrung, Wasser und anderen Ressourcen weiterhin zu decken, ohne die natürlichen Systeme, die ihn unterstützen, zu schädigen oder zu erschöpfen (Stallmann, 2022).

Nachhaltigkeit ist in den letzten Jahren zu einem wichtigen Thema für Unternehmen geworden, da die Auswirkungen des Klimawandels und anderer Umweltprobleme immer deutlicher geworden sind. Viele Unternehmen haben erkannt, dass sie Maßnahmen ergreifen müssen, um ihre Auswirkungen auf die Umwelt zu reduzieren und ihre Nachhaltigkeit zu verbessern, um ihre Zukunftsfähigkeit zu schützen. Gerade für größere, kapitalmarktorientierte Unternehmen ist Nachhaltigkeit wichtig, um sich auch zukünftig die Unterstützung der Stakeholder und Investoren zu sichern (van Duuren et al., 2016).

Es gibt viele Möglichkeiten für Unternehmen, ihre Nachhaltigkeit zu steigern. Zu den gängigen Methoden gehören die Durchführung eines Nachhaltigkeitsaudits, die Umsetzung von Nachhaltigkeitsinitiativen sowie die Messung und Berichterstattung über den Fortschritt.

1.1 Warum Nachhaltigkeit für Unternehmen wichtig ist

Es gibt eine Reihe von Gründen, warum Nachhaltigkeit für Unternehmen wichtig ist (Moslein & Sorensen, 2018).

1. Für den Schutz unserer Umwelt sind nachhaltige Anstrengungen unerlässlich. Die Ressourcen der Erde sind endlich, und wenn wir sie weiterhin mit der gegenwärtigen Ge-

schwindigkeit nutzen, werden wir sie schließlich erschöpfen. Dies wäre nicht nur für unseren Planeten katastrophal, sondern auch für Unternehmen, die auf diese Ressourcen angewiesen sind.

2. Zweitens können nachhaltige Praktiken Unternehmen helfen, Geld zu sparen, indem sie Abfall reduzieren und die Effizienz verbessern.
3. Schließlich sind die Verbraucher zunehmend daran interessiert, Produkte von Unternehmen zu kaufen, die umweltbewusst handeln. Durch die Steigerung seiner Nachhaltigkeit kann ein Unternehmen einen Wettbewerbsvorteil erzielen und diesen wachsenden Markt erschließen.

2 Wie können Unternehmen ihre tatsächliche und wahrgenommene Nachhaltigkeit steigern?

Der erste Schritt, den Unternehmen durchführen können, um ihre Nachhaltigkeit zu steigern, ist ein Nachhaltigkeitsaudit. Dies wird den Unternehmen helfen, Bereiche zu identifizieren, in denen sie bereits nachhaltig sind, und Bereiche, in denen sie sich verbessern könnten.

Es gibt viele verschiedene Möglichkeiten, ein Nachhaltigkeitsaudit durchzuführen, aber ein Ansatz ist die Verwendung eines anerkannten Nachhaltigkeitsrahmens. Dieser Rahmen umfasst verschiedene Indikatoren, mit denen Unternehmen ihre Fortschritte in der Nachhaltigkeit messen können. Einige der Indikatoren sind: Treibhausgasemissionen, Wasserverbrauch, erzeugter Abfall und Energieverbrauch. Die Nachhaltigkeitsziele der Vereinten Nationen bieten hier ebenfalls Leitplanken, welche auch in der Außendarstellung immer relevanter werden (Pizzi et al., 2021).

Sobald Unternehmen Bereiche identifiziert haben, in denen sie sich verbessern können, sollten sie mit der Umsetzung von Initiativen zur Steigerung ihrer Nachhaltigkeit beginnen.

2.1 Umsetzung von Nachhaltigkeitsinitiativen

Es gibt viele verschiedene Arten von Nachhaltigkeitsinitiativen, die Unternehmen umsetzen können. Einige Beispiele:

- Verbesserung der Energieeffizienz durch Nachrüstung von Gebäuden und Einsatz energieeffizienter Beleuchtung
- Installation von Sonnenkollektoren oder anderen erneuerbaren Energiequellen
- Umsetzung von Wasserschutzmaßnahmen wie Regenwassernutzung oder Grauwasserrecycling
- Reduzierung von Abfällen durch Recycling- und Kompostierungsprogramme
- Umstellung auf umweltfreundliche Produkte und Verpackungsmaterialien

Jedes Unternehmen ist unterschiedlich, daher ist es individuell, welche Initiativen am sinnvollsten sind. Es ist wichtig, sowohl die (monetären) Kosten, als auch die Umweltauswirkungen bzw. die nachhaltige Wirkung jeder Initiative zu berücksichtigen, bevor eine Entscheidung getroffen wird.

2.2 Messung und Berichterstattung über Fortschritte

Sobald Unternehmen einige (oder alle) der oben genannten Initiativen umgesetzt haben, ist es wichtig, ihre Fortschritte zu messen und darüber zu berichten, um ihre Nachhaltigkeit im Laufe der Zeit weiter zu verbessern.

Es gibt verschiedene Möglichkeiten, wie Unternehmen ihren Fortschritt messen können:

- Durchführung regelmäßiger Audits unter Verwendung eines anerkannten Nachhaltigkeitsrahmens
- Setzen von Zielen und Messen des Fortschritts anhand dieser Ziele im Laufe der Zeit
- Meldung von Umweltdaten wie Treibhausgasemissionen oder Wasserverbrauch an Drittorganisationen wie CDP[1] oder TCR[2]

1 Carbon Disclosure Project, cdp.net.
2 The Climate Registry, theclimateregistry.org.

- Erhalt von Nachhaltigkeitszertifizierungen wie UN Global Compact3- oder BCorp4-Zertifizierung

Die Berichterstattung über Fortschritte ermöglicht es Unternehmen nicht nur, ihre eigenen Fortschritte zu verfolgen, sondern liefert auch wertvolle Daten, die zur Verbesserung der Umweltpolitik auf lokaler, staatlicher und nationaler Ebene verwendet werden können.

3 Die Rolle der Clusteranalyse bei der Förderung der Nachhaltigkeit

Die Clusteranalyse ist eine Technik zum Gruppieren von Datenpunkten, die einander ähnlich sind. Dies kann mit einer Vielzahl von Methoden erfolgen, aber die gebräuchlichste Methode ist die Verwendung von Entfernungsmaßen wie euklidischer Entfernung[5] oder Manhattan-Entfernung[6]. Während eine Clusteranalyse für eine Vielzahl von Zwecken verwendet werden kann, bspw. Clusterung von Kundengruppen, Vertragsbeständen o.Ä., konzentrieren wir uns auf den Kontext der Nachhaltigkeit (Fuiyeng & Yazdanifard, 2015). Hier kann sie verwendet werden, um Gruppen von Unternehmen zu identifizieren, die ähnliche Nachhaltigkeitsprofile haben. Diese Informationen können dann genutzt werden, um gezielte Nachhaltigkeitsinitiativen zu entwickeln, die mit größerer Wahrscheinlichkeit erfolgreich sind, da mit bereits erfolgten Maßnahmen abgeglichen werden kann.

Wie können Clusteranalysen Unternehmen dabei helfen, ihre Nachhaltigkeit zu steigern?

Es gibt eine Reihe von Möglichkeiten, wie die Clusteranalyse Unternehmen dabei helfen kann, ihre Nachhaltigkeit zu steigern. Die Clusteranalyse kann Unternehmen dabei helfen, Lücken in ihrer eigenen

3 UN Global Compact Netzwerk Deutschland, www.globalcompact.de.

4 B Corp Deutschland, bcorporation.de.

5 „Euklidische Abstände werden unter anderem als Abstands- bzw. Ähnlichkeitsmaße verwendet, um zu messen, wie ähnlich oder unähnlich Datenpunkte sind.“ https://welt-der-bwl.de/Euklidische-Distanz.

6 „Die Manhattan-Metrik ist ein Proximitätsmaß, das heißt, ein Maß für die Nähe bzw. Distanz/Entfernung für metrische Variablen wie etwa die Körpergröße, das Alter oder das Gewicht.“ https://welt-der-bwl.de/Manhattan-Metrik.

Nachhaltigkeitsleistung zu identifizieren. Indem sie verstehen, wie andere Unternehmen mit ähnlichen Profilen abschneiden, können Unternehmen gezielte Strategien zur Verbesserung entwickeln. Dabei kann eine interne Reifegradanalyse oder ein Sustainability Readiness Test der erste Anhaltspunkt sein. Auf der Website des Deutschen Nachhaltigkeits-Kodex finden sich Datenbanken[7], in denen gezielt nach Wettbewerbern und/oder Themenblöcken recherchiert werden kann, um die gebotene Vergleichbarkeit und das Benchmarking als Ausgangspunkt für die Clusterbildung nutzen zu können. Insbesondere die Festlegung eines klar messbaren Ambitionsniveaus bringt Ihnen und Ihren Stakeholdern Transparenz.

Definieren von sechs verschiedenen Clustern

Nachzügler: Dies sind Unternehmen, die das niedrigste Nachhaltigkeitsniveau aufweisen und keine nennenswerten Anstrengungen zur Verbesserung ihrer ökologischen und sozialen Leistung unternommen haben. Möglicherweise haben sie keine Nachhaltigkeitsziele festgelegt oder verfügen über keine nachhaltigkeitsbezogenen Richtlinien. Diese Unternehmen sind oft auf kurzfristige finanzielle Gewinne ausgerichtet und sehen möglicherweise nicht den Wert von Investitionen in die Nachhaltigkeit. Beispiele hierfür sind Unternehmen in Branchen mit starken Umweltauswirkungen wie Kohlebergbau, Ölförderung oder Fast Fashion.

Nachahmer: Diese Unternehmen haben einige Anstrengungen unternommen, um ihre Nachhaltigkeit zu verbessern, aber sie hinken immer noch hinter ihren Mitbewerbern her. Sie haben sich zwar einige Nachhaltigkeitsziele gesetzt, aber sie sind nicht so ehrgeizig wie die der nachhaltigeren Unternehmen. Möglicherweise haben sie auch einige nachhaltigkeitsbezogene Richtlinien eingeführt, die nicht so umfassend oder schlimmstenfalls fadenscheinig sind. Ein Beispiel wäre eine Restaurantkette, die in einigen ihrer Filialen Recycling eingeführt hat, aber noch keine wesentlichen Änderungen an ihrer Speisekarte vorgenommen hat, um mehr nachhaltige Optionen anzubieten.

Moderate Innovatoren: Diese Unternehmen sind nachhaltiger als die Nachzügler und Nachahmer, aber sie sind immer noch nicht so nachhaltig wie die fortschrittlicheren Unternehmen. Sie haben sich

7 https://www.deutscher-nachhaltigkeitskodex.de/Home/Database.

ehrgeizigere Nachhaltigkeitsziele gesetzt und verfügen über umfassendere nachhaltigkeitsbezogene Strategien. Möglicherweise haben sie auch einige nachhaltige Praktiken eingeführt, wie z.B. Recycling oder energieeffiziente Beleuchtung, aber sie haben die Nachhaltigkeit nicht vollständig in ihre Betriebsabläufe und Entscheidungsprozesse integriert. Ein Beispiel könnte eine Hotelkette sein, die in all ihren Gebäuden LED-Beleuchtung eingeführt, aber noch keine nennenswerten Investitionen in erneuerbare Energien getätigt hat.

Frühe Innovatoren: Diese Unternehmen haben erhebliche Anstrengungen zur Verbesserung ihrer Nachhaltigkeit unternommen, sind aber noch nicht so nachhaltig wie die Vorreiter oder Pioniere. Sie haben sich ehrgeizige Nachhaltigkeitsziele gesetzt, verfügen über umfassende Nachhaltigkeitsrichtlinien und haben nachhaltige Praktiken eingeführt. Möglicherweise haben sie auch damit begonnen, Nachhaltigkeit in ihre Betriebsabläufe und Entscheidungsprozesse zu integrieren. Ein Beispiel wäre ein Automobilhersteller, der in all seinen Fabriken Recycling und energieeffiziente Beleuchtung eingeführt hat, aber noch keine Elektrofahrzeuge vollständig in seine Produktpalette integriert hat.

Führend: Dies sind die nachhaltigsten Unternehmen. Sie haben die Nachhaltigkeit vollständig in ihre Betriebsabläufe und Entscheidungsprozesse integriert, haben ehrgeizige Nachhaltigkeitsziele festgelegt und verfügen über umfassende Nachhaltigkeitsrichtlinien. Außerdem haben sie eine breite Palette nachhaltiger Praktiken eingeführt, wie z.B. Recycling, energieeffiziente Beleuchtung und erneuerbare Energien. Sie sind oft als Branchenführer in Sachen Nachhaltigkeit anerkannt und dienen anderen Unternehmen oft als Maßstab. Ein Beispiel könnte ein Einzelhandelsunternehmen sein, das in all seinen Geschäften Recycling, energieeffiziente Beleuchtung und erneuerbare Energien einsetzt, eine breite Palette nachhaltiger Produkte anbietet und sich stark für fairen Handel und ethische Beschaffung einsetzt.

Pioniere: Diese Unternehmen sind in puncto Nachhaltigkeit am weitesten fortgeschritten. Sie haben nicht nur die Nachhaltigkeit in ihre Betriebsabläufe und Entscheidungsprozesse integriert, sich ehrgeizige Nachhaltigkeitsziele gesetzt und umfassende Nachhaltigkeitsrichtlinien aufgestellt, sondern auch aktive Schritte unternommen, um ihre ökologische und soziale Leistung über die Einhaltung von Gesetzen und Vorschriften hinaus zu verbessern. Sie wenden häufig innovative Praktiken an, wie z.B. geschlossene Kreislaufsysteme, Kreislaufwirtschaft oder CO_2 Kompensation. Sie werden oft als Vorbilder für Nachhaltigkeit angesehen und stehen an der Spitze der nachhaltigen Entwicklung. Ein Beispiel wäre ein Technologieunternehmen, das die Nachhaltigkeit vollständig in seine Geschäftstätigkeit integriert, ehrgeizige Nachhaltigkeitsziele festgelegt, geschlossene Kreislaufsysteme eingeführt und in Forschung und Entwicklung investiert hat, um nachhaltige Produkte und Dienstleistungen zu entwickeln, und das sich außerdem stark für Transparenz und die Einbeziehung von Interessengruppen einsetzt.

Es sei darauf hingewiesen, dass diese Kategorien nicht starr sind und dass Unternehmen im Laufe der Zeit zwischen ihnen wechseln können (und sollen), je nachdem, welche Maßnahmen sie zur Verbesserung ihrer Nachhaltigkeitsleistung ergreifen.

Darüber hinaus identifizierten wir ebenfalls sechs verschiedene Cluster der Nachhaltigkeitsbereitschaft unter Mitarbeitenden. Sie reichen von ablehnend bis sehr konsequent (Eisemann, 2021). Das Handeln von Unternehmen in Bezug auf beide Clusteranalysen kann die Art und Weise, wie Maßnahmen verstanden und realisiert wurden, enorm verändern. Es sei nur an dieser Stelle erwähnt, da die Diskrepanz zwischen „tone form the top"- und „bottom up"-Nachhaltigkeitsverständnis zu Spannungen führen kann. Die Bedeutung von Emotionen und Ängsten in Bezug auf Klimawandel und nachhaltige Veränderungsprozesse sollte nicht unterschätzt werden (Brosch & Steg, 2021).

Implikationen für Ihre (soziale) Nachhaltigkeit

Die Implikationen dieser Herangehensweise sind weitreichend und haben erhebliche Auswirkungen auf die Nachhaltigkeit von Unternehmen. Erstens deuten die ersten Erkenntnisse darauf hin, dass Unternehmen über einen compliancebasierten Nachhaltigkeitsansatz hinausgehen und stattdessen einen proaktiveren und strategischeren Ansatz verfolgen müssen. Zweitens deuten die Ergebnisse auch darauf hin, dass sich Unternehmen auf die Entwicklung innovativer Lösungen konzentrieren müssen, um ihre Nachhaltigkeitsleistung zu verbessern. Drittens deuten die Ergebnisse darauf hin, dass Unternehmen mit anderen Unternehmen zusammenarbeiten müssen, um ihre Gesamtnachhaltigkeitsleistung zu verbessern (Ordonez-Ponce et al., 2021).

4 Schlussfolgerung

Nachhaltigkeit ist wichtig für Unternehmen, weil sie ihnen hilft, ihre Umweltbelastung zu reduzieren, ihre soziale und wirtschaftliche Leistung zu verbessern und widerstandsfähiger gegen exogene Schocks (Krieg, Inflation, Kapitalmarktverwerfungen, Lieferengpässe) zu werden. Unternehmen können ihre Nachhaltigkeit steigern, indem sie ein Nachhaltigkeitsaudit durchführen, Nachhaltigkeitsinitiativen umsetzen und Fortschritte messen und darüber berichten (Friede et al., 2015). Die Clusteranalyse kann Unternehmen dabei helfen, ihre Nachhaltigkeit zu steigern, indem sie Verbesserungsmöglichkeiten identifiziert und Bereiche definiert, in denen sie die größte Wirkung erzielen können. Dies gilt für das Unternehmen selbst, als auch für die Mitarbeitenden und sogar Kund:innen.

Quellen:

Brosch, T., & Steg, L. (2021). Leveraging emotion for sustainable action. *One Earth,* 4(12), 1693–1703. https://doi.org/10.1016/j.oneear.2021.11.006.

Eisemann, L. (2021). *25 Jahre Umweltbewusstseinsforschung im Umweltressort.* Umweltbundesamt. https://www.umweltbundesamt.de/publikationen/25-jahre-umweltbewusstseinsforschung-im.

Friede, G., Busch, T., & Bassen, A. (2015). ESG and financial performance: Aggregated evidence from more than 2000 empirical studies. *Journal of Sustainable Finance & Investment,* 5(4), 210–233. https://doi.org/10.1080/20430795.2015.1118917.

Fuiyeng, W., & Yazdanifard, Assoc. Prof. Dr. R. (2015). Green Marketing: A Study of Consumers' Buying Behavior in Relation to Green Products. *Global Journal of Management and Business Research* (E), 15, 17–23.

Moslein, F., & Sorensen, K. E. (2018). The Commission's Action Plan for Financing Sustainable Growth and Its Corporate Governance Implications. *European Company Law,* 15, 221.

Ordonez-Ponce, E., Clarke, A. C., & Colbert, B. A. (2021). Collaborative Sustainable Business Models: Understanding Organizations Partnering for Community Sustainability. *Business & Society,* 60(5), 1174–1215. https://doi.org/10.1177/0007650320940241.

Pizzi, S., Rosati, F., & Venturelli, A. (2021). The determinants of business contribution to the 2030 Agenda: Introducing the SDG Reporting Score. *Business Strategy and the Environment*, 30(1), 404–421. https://doi.org/10.1002/bse.2628.

Stallmann, M. (2022, Februar 17). *Environmental awareness: Great momentum for socio-ecological transformation* [Text]. Umweltbundesamt; Umweltbundesamt. https://www.umweltbundesamt.de/en/press/pressinformation/environmental-awareness-great-momentum-for-socio.

van Duuren, E., Plantinga, A., & Scholtens, B. (2016). ESG Integration and the Investment Management Process: Fundamental Investing Reinvented. *Journal of Business Ethics*, 138(3), 525–533. https://doi.org/10.1007/s10551-015-2610-8.

Autorenverzeichnis

Anna Bojic hat einen akademischen Hintergrund in der freien Kunst (Bildhauerei, Installation & Medien) sowie den Sprach- Literatur- und Kulturwissenschaften. Sie ist Mitgründerin und Geschäftsführerin des Unternehmens MERISIER GmbH, das seit 2011 führende Unternehmen mit hochqualitativer Kommunikation mittels „Gifting as a Service" unterstützt. Im Rahmen von Projekten mit z. B. der Deutschen Bahn, der Telekom oder auch der Deutschen Bank widmet sich das Unternehmen bis heute erfolgreich der Steigerung von Vertriebszielen, der Kundenzufriedenheit sowie der Prävention von Churn.
Seit 2014 ist sie Mitgründerin und CPO von Miss Moneypenny Technologies GmbH. Das Unternehmen entwickelte zunächst Machine Learning basierte Engines für die Automobilindustrie, die auf emotionalem Input gelernte Empfehlungen aussprachen. 2017 pivotierte das Unternehmen hin zur Wallet Technologie. In den Folgejahren entwickelte Miss Moneypenny Technologies Wallet-Technologie-basierte Micro-Applikationen für unterschiedliche Branchen. Seit 2019 liegt der primäre Fokus des Unternehmens auf der Versicherungsindustrie.

Dr.-Ing. Carl Robert Brand begann nach dem Erwerb der Hochschulreife, 2007 an der Leibniz Universität Hannover Wirtschaftsingenieurwesen zu studieren. Von 2013–2018 promovierte er hier im Bereich Maschinenbau. Im Anschluss war er bis 2022 als Schadenregulierer Technik bei den VGH Versicherungen tätig. Mittlerweile ist er seit diesem Jahr „Projektleiter Innovation Digitalisierung" bei Miele.

Marco Brandt ist diplomierter Betriebswirt. Nach Abschluss seines Studiums im Jahr 1999 fokussierte er sich auf den Finanzsektor. Dort war er u. a. für GE Money Bank, Nord/LB und die Deutsche Kredit Bank als Online-Marketingleiter tätig. In dieser Position gewann er wichtige Einblicke und Marktkompetenzen im Online-Geschäft sowie Fachwissen zum Aufbau, Stärkung und Expansion im digitalen B2C-Business für Finanzprodukte.
Seit August 2010 ist Marco Brandt als Marketingleiter der AGILA Haustierversicherung AG mit Sitz in Hannover tätig. Es gelang ihm hier in wenigen Jahren, die AGILA in eine Direktversicherung umzuformen und den Anteil der Tierkrankenversicherungen deutlich zu erhöhen.
Von Juli 2014 bis März 2018 war er darüber hinaus Geschäftsführer des WERTGARANTIE eigenen Startups Valuecare24 GmbH. In dieser Funktion baute er unter anderem erfolgreich neue Geschäftsmodelle für die WERTGARANTIE Group auf.
Seit April 2018 und parallel zu seiner Arbeit für die AGILA Haustierversicherung AG ist er für die WERTGARANTIE Group als Division Manager Digital Business für das B2C-Geschäft in Deutschland verantwortlich.

John Braun ist für den Vertrieb bei der Baobab Insurance GmbH verantwortlich. Es ist eine Fortsetzung seiner seit Jahren laufenden Bemühungen, Cyber-Versicherungen im Deutschen Markt zu etablieren. Er hat zuvor die Digitalisierung des internationalen Industrieversicherungsmaklers Willis Towers Watson vorangetrieben. Das dort gewonnene Verständnis für IT und Prozesse hilft ihm dabei, Versicherungsmakler zu befähigen, das innovative Konzept bei ihren Gewerbe- und Industrie-Kunden zu platzieren und damit einen wichtigen Beitrag zu deren Resilienz gegen Cyber-Angriffe zu leisten.

Hai Nhi Bui begann nach erfolgreichem Erwerb der allgemeinen Hochschulreife und einem freiwilligen Jahr im Gesundheitswesen das Studium der Wirtschaftswissenschaften an der Leibniz Universität Hannover. Während des Masterprogrammes mit den Schwerpunkten Strategic Management und Information & Operations Management erfolgte ein Auslandssemester an der University of Southern Denmark. Im Rahmen ihrer Masterarbeit untersuchte sie den Einfluss von Usability auf die Akzeptanz von Mental Health Applikationen.

Roger Cericius ist als Geschäftsführer der Denk- und Innovationsplattform FUTUR X GmbH Gründer, Laborant und Expeditionsleiter für Innovationsentwicklungsprojekte und Strukturentwicklung für zahlreiche deutsche Unternehmen. Seine Projekte folgen stets dem Prinzip der Losgröße 1. Roger Cericius hat im Rahmen seiner Zusammenarbeit mit der innotonic GmbH die erste weltweite Reifegradanalyse für Unternehmen auf der Basis des neuen internationalen IMS Standards ISO 56002 mitentwickelt und zertifiziert als Lehrbeauftragter der Hochschule Hannover Innovationsmanager*innen nach ISO 56002.

Lucinda Chow arbeitet als Innovation Manager bei Munich Re in München. Im Business-Building Team entwickelt sie zusammen mit Partnern – wie beispielsweise Versicherungen, InsurTechs und Corporates – innovative Versicherungs-Ventures in Kontinentaleuropa.
Ihre Karriere begann Lucinda Chow mit einem Trainee-Programm bei der renommierten Britischen Lloyds Banking Group. Mit dem Wechsel zur Munich Re im Jahr 2018 leitete und bearbeite sie im Londoner Digital Partners-Team Projekte zur Produkteinführung von InsurTechs in Großbritannien und der Umsetzung von Carrier-Akquisitionen in den USA. Lucinda hat einen Abschluss in Rechtswissenschaften und hat in Großbritannien, Singapur und Österreich studiert. Weiterhin ist sie zertifizierte PRINCE2 Agile Practitioner und hält ein Versicherungsdiplom des Chartered Insurance Institute.

Dr. Stefan Ebener verantwortet für Google Cloud ein internationales Expertenteam. Seine Leidenschaft gilt den datengetriebenen Zukunftstechnologien und der Weiterentwicklung von Technologiekompetenzen in Unternehmen und Gesellschaft. Zudem ist er freiberuflicher Dozent der Wirtschaftsinformatik, Mitglied der Wissenschaftlichen Gesellschaft für marktorientierte Unternehmensführung, gehört dem Institut für IT-Management & Digitalisierung an der Hochschule für Oekonomie & Management an, ist Startup-Mentor, Autor und Keynote Speaker.

Dr. Andreas Eckstein unterstützt Unternehmen auf beiden Seiten des Atlantiks, ihr Geschäft durch die erfolgreiche Erschließung neuer Zielmärkte auszubauen. Zuvor war Dr. Andreas Eckstein als Manager für Innovation bei einem grossen Rückversicherer verantwortlich für den Transfer innovativer US-Unternehmen und Technologien auf den europäischen Markt. Davor war er als Business Opportunity Manager tätig und baute digitale Geschäftsmodelle auf. Er ist ein gefragter Redner zu den Themen Digitalisierung und Internationalisierung und Sparringspartner für erfolgreiches Start-up Wachstum.

Theresa Eden ist seit Mai 2020 am Institut für Versicherungsbetriebslehre der Leibniz Universität Hannover als wissenschaftliche Mitarbeiterin und Doktorandin tätig. Im Rahmen ihrer Forschungstätigkeit beschäftigt sie sich unter anderem mit den Auswirkungen der digitalen Transformation auf das Frontoffice und Backoffice von Finanzdienstleistungsunternehmen, dem Einfluss von ESG-Risiken auf versicherungstechnische Verpflichtungen sowie dem Risikomanagement von Cyberrisiken. Theresa Eden ist studierte Wirtschaftswissenschaftlerin.

Axel Eppenstein ist Diplom-Mathematiker mit Schwerpunkt Wirtschaftswissenschaften. Seit 25 Jahren ist er bei der R+V Versicherung in verschiedenen Funktionen tätig. Als Produktentwickler und Controller in der privaten Unfallversicherung, Strategiemanager im Strategischen Produktmanagement der Personenversicherung und dann eignete er sich in der Konzern-Entwicklung Wissen in den verschiedensten Bereichen an.

Bereits in allen Stationen spielte das Internet und seine Möglichkeiten für ihn eine wichtige Rolle. Seit 2010 befasst er sich intensiv mit der Thematik Digitalisierung. Infolgedessen baute er eine Abteilung im Bereich Marketing auf, welche sich vorrangig mit digitalen operativen und strategischen Themen befasste (Internetpräsenz, Social Media).
Seit 2016 treibt er als Transformationmanager Digitalisierung und Innovationmanager aktiv die R+V, damit der Erfolg der vergangenen Jahre auch im digitalen Zeitalter erhalten bleibt.

Daniel Geisendorf ist Referent für Nachhaltigkeit bei der Mecklenburgischen Versicherungs-Gesellschaft auf Gegenseitigkeit. Er studierte Mathematik an der Leibniz Universität Hannover und war bei der Mecklenburgischen Versicherungsgruppe in den Bereichen Kraftfahrt, Lebensversicherung, Unternehmensplanung und Controlling als Versicherungsmathematiker sowie in der Unternehmensentwicklung als Projektleiter tätig. Er befindet sich in der Ausbildung zum Aktuar DAV.

Frank Genheimer unterstützt die Versicherungsbranche bei der Transformation sowie beim Innovieren und Beschleunigen der Produktentwicklung. Er arbeitet seit 2004 in der Versicherungsbranche. Mit Stationen in der Produktentwicklung, dem Produktmanagement, dem Aktuariat und im Business Development war er für den DACH-Raum sowie für weitere europäische Märkte tätig. Zahlreiche Produktinnovationen im Lebensversicherungsmarkt sind auf ihn zurückzuführen. Seit

2015 ist Frank Genheimer als unabhängiger Berater mit der Beratungsboutique New Insurance Business (St. Gallen) unterwegs. In seiner fast 20-jährigen Branchenzugehörigkeit hat er sich vom hybriden Aktuar zum Schweizer Taschenmesser der Lebensversicherung entwickelt. Frank Genheimer ist regelmäßig Referent und Moderator bei Events, Seminaren und Workshops innerhalb der Finanzdienstleistungsbranche.

Maria-Helena Hansen hat ihr Studium der Betriebswirtschaftslehre und des Versicherungswesens an der Berufsakademie Stuttgart mit Auszeichnung abgeschlossen. Nach ihrem Studium war sie zunächst für verschiedene Unternehmen der Finanz- und Versicherungsbranche im Bereich Marketing & Kommunikation tätig. Des Weiteren war sie im Rahmen ihres beruflichen Werdeganges Fachexpertin für Vertriebsstrategie und -steuerung in einem großen Finanzdienstleistungskonzern. Derzeit leitet sie den Bereich „Digitale Services" bei der Halleschen Krankenversicherung a.G.. Nebenberuflich lehrt sie als Dozentin an der Dualen Hochschule Baden-Württemberg zu den Vorlesungsinhalten rund um die Digitalisierung in der Finanz- und Versicherungsbranche.

Rebecca Hartung ist seit April 2019 bei der Zurich Versicherung in Köln. Als Abteilungsleiterin verantwortet sie den Bereich Unfallschaden. Dabei steht für sie die stetige Optimierung der Schadenprozesse und des Kundenservice im Fokus.
Als gelernte Versicherungskauffrau studierte sie nebenberuflich BWL und Wirt-

schaftspsychologie mit den Schwerpunkten Organisationsentwicklung und Innovationsmanagement. Ihre Erfahrung konnte sie in mehreren Unternehmen der Versicherungsbranche erlangen. Unter anderem verantwortete sie im Stabsbereich der Generali Schadenmanagement GmbH die Implementierung eines Schadenbearbeitungssystems sowie bei der Asstel/Gothaer die Steuerung des Risikoträgers Komposit.

Jens Heydenreich hat Mathematik und Informatik an der Phillips Universität Marburg studiert. Seit 2008 ist er in der Versicherungsbranche und hat bei der ARAG Leben- & Krankenversicherung Produkt- und Partnermanagement-Bereiche geleitet. Seit 2015 ist er in unterschiedlichen Verantwortlichkeiten innerhalb des Konzerns Versicherungskammer (VKB). Dort leitete er den Produktbereich Leben, hat zentral die Digitalisierung begleitet, seit 2018 den digital.hub Kranken/Reise aufgebaut und ist seit 2020 im Kerngeschäftsfeld Reise für Strategie, Produkt und Steuerung zuständig.

Dr. Sandra Kaltenbacher ist Leiterin der Abteilung Strategie und Innovation bei der Österreichischen Hagelversicherung, welche vielfach als beste bzw. nachhaltigste Versicherung Österreichs ausgezeichnet wurde (Börsianer). Die Strategin leitete zuvor international zahlreiche Projekte bei Booz & Company und dann Stategy& (part of the PwC network) als Strategieberaterin. Ihre berufliche Laufbahn startete sie 2007 bei Deloitte. Die studierte Betriebswirtin und Juristin war in verschiedenen Industrien und Bereichen tätig und ist interessiert an Neuerungen und Weiterentwicklung.

Dr. Ranja Reda Kouba ist promovierte Versicherungsmathematikerin und verantwortet für Google Cloud das Thema Data Analytics. Zuvor trug sie bei McKinsey & Company die Verantwortung zahlreicher digitaler Transformationen von Fortune 500 Unternehmen. Sie ist stellvertretende Vorsitzende des Aufsichtsrats des Österreichischen Nationalen Statistik Instituts, Mitglied des Kuratoriums des Österreichischen Wirtschaftsforschungsinstituts und Angel Investorin.

Erika Krizsan hat langjährige nationale und internationale Managementerfahrung bei Versicherungsunternehmen im Bereich Strategie- und Organisationsentwicklung. Als zertifizierte Business Trainerin mit Schwerpunkt (Open) Innovationsmanagement ist sie eine leidenschaftliche Trendforscherin zum Thema: „Wie sieht die Zukunft der Versicherungen aus?" Sie ist Gründerin von „InTa"-INSURY Talent Network, um ihre Erfahrungen aus dem Bereich Versicherung & Innovation an junge Menschen (U40) weiterzugeben, Mission: „1000 Talents & 1000 Ideas" & „connecting the insurance world". Sie ist die Initiatorin #MOI Insurance Innovation Day in Wien und Buchautorin „Innovationsdruck in der Versicherungsbranche".

Prof. Dr. Christian Lehmann lehrt Entrepreneurship an der Hochschule Hannover und ist Mitglied im Leitungsteam von NEXSTER, dem Entrepreneurship-Center der Hochschule. Als Gründungsgesellschafter der innotonic GmbH ist er verantwortlich für die innoventur, die Reifegradanalyse zum Innovationsmanagement nach ISO 56002. Zudem zertifiziert Prof. Dr. Lehmann Innovationsmanager*innen nach ISO 56002.

Axel Liebetrau gilt als einer der einflussreichsten Experten für Innovationen und Trends in Banking und Insurance. Nach seiner Laufbahn als Banker arbeitete er zuerst in verschiedenen Beratungsfirmen für Banken und danach in den führenden Zukunftsforschungsinstituten. Er studierte Bankbetriebslehre in Deutschland und International Management Consulting in England. Seit 2005 ist er als Unternehmer in der Innovationsberatung sowie als Keynote Speaker zu Innovation, Zukunft und Trends tätig. Er lehrt (Innovationsmanagement) an den führenden Business Schools in der Schweiz und ist Advisor bei der Gsponer Partners AG in Basel.

Raphael Meyer-Alten bringt mehrjährige Erfahrungen aus der Automobil- und Lebensmittelbranche sowie ein Studium der Wirtschaftswissenschaften in Leipzig, Lissabon und Hannover mit. Während seiner Zeit als Projektleiter, Business Analyst und zuletzt Internal Auditor bei einem niedersächsischen Versicherer konnte er reichlich Branchenerfahrung sammeln. Seit 2019 ist es für ihn an der Zeit, sich um die „großen Themen" zu kümmern: der menschengemachte Klimawandel. Übertragen auf seinen eigenen Tätigkeitsbereich entstand die Frage: „Wie unterstützt die Versicherungswirtschaft ihre Kunden, ein nachhaltigeres Leben zu führen?" Am Beispiel der Finanz- und Versicherungswirtschaft zeigt Raphael Meyer-Alten auf, was notwendig ist, um Nachhaltigkeit aus Sicht der Endkunden handhabbar, einfach und zielführend in das eigene Handeln zu integrieren. Als Geschäftsführer der choyze GmbH arbeitet er mit Data Scientisten, Programmierern und Marketers zusammen, um Nachhaltigkeit sichtbar, messbar und managebar zu machen. Unter dem Slogan „sustainability made by you" entstehen digitale Produkte, welche die Barrieren nachhaltigen Handelns beseitigen.

Ulrich Moser ist heute verantwortlich für die IT-Grundversorgung & Cyber Security in der Informatik der Mobiliar Versicherungen und Vorsorge. In dieser Rolle ist er verantwortlich für die strategische technische Ausrichtung dieser beiden Gebiete.
Zuvor hat Ulrich Moser als Leiter Software Engineering Nicht Leben die IT-Innovation und die Zusammenarbeit der Mobiliar Informatik mit Hochschulen aufgebaut. In dieser Rolle interessiert ihn der technologische Wandel mit seinen Einflüssen auf die Kunden und die Assekuranz im Generellen stark. Dieses Interesse hat er in Zusammenarbeit mit der ZHAW verfolgt.
Vor seiner Tätigkeit bei der Mobiliar Versicherung und Vorsorge, hat Ulrich Moser Erfahrungen in der Luftfahrt-Industrie, Ingenieurwesen und Multimedia-Entwicklung gesammelt.
Ulrich Moser hat einen BSc technische Informatik der FH-Bern, ein Executive MBA der HSG St. Gallen und ein MAS Insurance Management der ZHAW erworben.

Lukas Nolte ist studierter Mathematiker und ausgebildeter Projektmanager. Er begann seine Tätigkeit in der Versicherungsbranche und ist inzwischen als leitender Angestellter in der Beratungsbranche tätig. Neben seiner Haupttätigkeit gründete er mehrere Firmen, ist als Lehrbeauftragter an verschiedenen Hochschulen tätig und ist Autor und Herausgeber zahlreicher Artikel und Bücher. Seine Leidenschaft ist die Digitalisierung von Versicherungen.

Carlo Pugnetti ist Dozent am Institut für Risk & Insurance an der Zürcher Hochschule für Angewandte Wissenschaften. Schwerpunkt seiner Forschung ist das Verhalten von Assekuranz-Kunden, insbesondere Veränderungen, die durch Technologie oder Generationswechsel entstehen. Er untersucht dabei auch die Verbindung zwischen Innovation und Risikomanagement. Vor seiner Tätigkeit an der ZHAW war Carlo Pugnetti CEO der Allianz Global Assistance in der Schweiz, nachdem er verschiedene Funktionen innerhalb der Allianz Gruppe innehatte: die Restrukturierung der Schadensabteilung bei der Tochtergesellschaft Fireman's Fund in den USA, die Leitung strategischer Projekte für die Konzernentwicklung in München und die Leitung eines internationalen Geschäftsfelds aus Paris. Zuvor hatte er seine Karriere als Berater bei Oliver Wyman gestartet. Carlo Pugnetti hat einen Ph.D. in Risikoanalyse und einen Master in Elektroingenieurwesen erworben, beide von der Stanford Universität.

Thorsten Ramus hat Sozialökonomie mit Schwerpunkt Volkswirtschaftslehre an der Universität Hamburg studiert. Seinen Master in Wirtschaftsförderung & Regionalmanagement hat er an der HAWK in Göttingen absolviert. Seit 2011 hat Thorsten Ramus verschiedenste Rollen – als Berater, Investmentmanager, Gründer – im Innovations- und Digitalkontext begleitet und arbeitet seit April 2020 für die Innovationsentwicklungseinheit FUTUR X der VGH-Versicherungen in Hannover.

Christian Reinhard ist ein erfahrener Projektmanager und langjährige Führungskraft im Vertrieb von Banken und Versicherungen. Als Geschäftsleitungsmitglied von Gsponer Partners AG in Basel leitet er operativ verschiedene Projekte im Finanzbereich – immer mit dem Fokus, Menschen zu bewegen. Die innere Haltung zu prägen und Menschen dabei zu unterstützen, ist seine Passion. In seiner Vergangenheit hat sich Christian Reinhard eine ausführliche Fachexpertise im Vertrieb, der Akquisition von Neukunden sowie der strategischen Umsetzung von Fokusthemen angeeignet. Insbesondere das Thema ESG begleitet ihn beruflich und auch privat sehr aktiv.

Dr. Thomas Rodewis verantwortet neben der Digitalen Agenda des Konzerns das CX-Lab und go, die Plattform des Konzerns für digitale Innovationen. Zuvor war er in verschiedenen anderen leitenden Positionen in der Versicherungskammer tätig, u. a. als Verantwortlicher für das Privatkundengeschäft Komposit und zuletzt als Leiter der zentralen Betriebsorganisation und -technik. Er ist Mathematiker und begann seine berufliche Entwicklung als Berater bei IBM.

Dr. Sebastian Schoenen ist Leiter Forschung und Entwicklung ControlExpert GmbH. Dort verantwortet er den Bereich Forschung & Entwicklung und treibt die Entwicklung von künstlicher Intelligenz für die Kfz-Schadenabwicklung voran. Vor seiner Zeit bei ControlExpert arbeitete er an der RWTH Aachen und promovierte dort in Physik mit Schwerpunkten im Bereich Big Data Analytics und Machine Learning. Nach seiner Promotion in

Physik an der RWTH Aachen wechselte er in die Beratung und unterstützte Unternehmen im Bereich Data Science.

Sven Trautner arbeitet als Senior Innovation Manager bei Munich Re in München. Als Head of Business Building entwickelt er zusammen mit Partnern – wie beispielsweise Versicherungen, InsurTechs und Corporates – innovative Versicherungs-Ventures in Kontinentaleuropa. Sven Trautner begann seine Karriere in diversen Rollen bei der BayernLB Bankengruppe in München. Der Fokus seiner Tätigkeiten lag hierbei auf den Themenbereichen Strategie, Projektmanagement und Financial Controlling. Während dieser Zeit war er unter anderem für das Financial Controlling der US-Niederlassung in New York City verantwortlich und leitete das Team für Financial Planning & Management Reporting der BayernLB Gruppe. Seine akademische Laufbahn schloss Sven Trautner als M.Sc. in Finance and Accounting sowie mit Doppelabschluss als B.A. in Business Administration und International Accounting ab. Weiterhin ist er ACP-Charterholder des Project Management Institutes (PMI).

Stefan Sebastian Unterbuchberger ist seit 30 Jahren in der Versicherungswirtschaft in unterschiedlichsten Funktionen tätig. Seit 2021 verantwortet er als Abteilungsleiter den Bereich „Customer Solutions". In dieser Rolle treibt er digitale Veränderungsprozesse rund um die digitale Kundenschnittstelle voran. Stefan Sebastian Unterbuchberger absolvierte nach seinem Quereinstieg in die Branche berufsbegleitend das Studium zum Versicherungsfachwirt und ein Studium der Betriebswirtschaftslehre.

Lars Georg Volkmann, Diplom-Betriebswirt, ist Sprecher der Geschäftsführung der ZSH Finanzdienstleistungen, einer Tochter der MLP SE. Nach Stationen bei der ARAG, Advocard und Gerling war er bis Ende 2020 elf Jahre lang Vorstand für Vertrieb und Marketing der VPV Versicherungen in Stuttgart. Darüber hinaus ist er stellvertretender Aufsichtsratsvorsitzender der DEFINO Institut für Finanznorm AG.

Oliver Werth absolvierte im Jahr 2011 eine Ausbildung zum Kaufmann im Großhandel bei der EDEKA Zentrale in Hamburg. Seit 2011 ist er an der Leibniz Universität Hannover, an welcher er sein Bachelor- und Masterstudium der Wirtschaftswissenschaften 2016 erfolgreich beendet hat. Seit 2017 ist er dort wissenschaftlicher Mitarbeiter und Doktorand am Institut für Wirtschaftsinformatik. Seine Forschungsinteressen sind unter anderem die digitale Transformation im Finanz- bzw. Energiesektor sowie die Akzeptanz und die Entwicklung von mobilen Applikationen.

Dr. Andreas Witte ist Geschäftsführer der ControlExpert GmbH und betreut in der Geschäftsführung alle Themen rund um Produkt- und Technologieentwicklung. Vor der Zeit bei ControlExpert arbeitete er für das Fraunhofer Institut und die RWTH Aachen. An der RWTH studierte Andreas Witte Maschinenbau und promovierte dort im Bereich Produktionstechnologie.